AtV

Friedrich Dedekind (um 1525-1598) studierte Theologie in Marburg und Wittenberg, wurde 1551 Pastor in Neustadt a. R., 1575 in Lüneburg, schließlich Superintendent und Inspektor der Lutherischen Kirchen im Bistum Lübeck.

Bestens vertraut mit der literarischen Tradition von höfischen Tischzuchten und Ständesatiren des Mittelalters und ihrer Parodierung im Zeitalter der Renaissance – etwa den »Dunkelmännerbriefen« und dem »Narrenschiff« des Sebastian Brant –, schrieb er als Fünfundzwanzigjähriger diesen »Grobianus« in eleganten lateinischen Versen, die in reizvollem Gegensatz zur Sittenlosigkeit des Inhalts standen. Von dem Wormser Schulmeister Caspar Scheidt bald nach Erscheinen in deutsche Knittelverse übertragen, damit auch das gemeine Volk ihn verstünde, erreichte das Werk in kurzer Zeit 14 Nachauflagen und wurde bald schon ins Englische und Ungarische übersetzt. In siebzehn Kapiteln schildert Dedekind genüßlich alle nur vorstellbaren Ferkeleien bei Tisch und in Gesellschaft, vom harmlosen Sich-Schneuzen über das Vollsaufen bei Tische, das Niesen, Husten, Spucken bis hin zum ungezügelten Furzen, Rülpsen und Kotzen in gemütlicher Runde sowie zum handgreiflichen Umgang mit den Angehörigen des schönen Geschlechts.

Daß die angestrebte Verdammung so zuchtlosen Tuns nicht unbedingt ernst gemeint war, darf getrost vorausgesetzt werden. Der Wunsch, »die Sau herauszulassen«, seine Leiblichkeit bis an die Grenze des Unflätigen zu genießen, er lag im Geist der Lutherzeit und war Teil der Wiederentdeckung des Individuums und seiner kreatürlichen Rechte nach ihrer jahrhundertelangen Verleugnung in den Dogmen des Mittelalters.

GROBIANUS

Von groben Sitten und unhöflichen Gebärden

Erstmals in Latein beschrieben
durch den wohlgelehrten
Magister FRIEDRICH DEDEKIND
und jetzt verdeutscht
durch CASPAR SCHEIDT von Worms

Wieder an den Tag gegeben
und neu in Verse gesetzt
von Horst Langer

LIES DIES BÜCHLEIN OFT UND VIEL
UND TU ALLZEIT DAS WIDERSPIEL

Aufbau Taschenbuch Verlag

Herausgegeben von Horst Langer

ISBN 3-7466-1057-5

1. Auflage 1995

Umschlaggestaltung Bert Hülpüsch
Satz LVD GmbH, Berlin
Druck Elsnerdruck, Berlin
Printed in Germany

Inhalt

Vorwort

Silentium, sperrt nun Maul und Augen auf!

Allzu zart besaiteten Gemütern sei vor der Lektüre des Buches ein warnendes Wort auf den Weg gegeben. Um die Mitte des 16. Jahrhunderts entstanden, findet sich in ihm die »säuische Rotte« der zeitgenössischen Prasser, Trunkenbolde und Schürzenjäger in derben Konturen abkonterfeit. Zahlreiche vorangegangene Bemühungen, die Grobianer mit Hilfe gestrenger Lehr- und Unterweisungsschriften von ihrem ruch- und rücksichtslosen Treiben abbringen zu wollen, waren folgenlos geblieben, wie der einleitenden Wendung des Buches an den Leser zu entnehmen ist. Deshalb sollte es nun einmal andersherum versucht und dem unflätigen Volk der Spiegel vorgehalten werden, damit dieses sich in ihm erkenne, vor seinem gemeinen Wesen ein für allemal zurückschrecke und von ihm lasse. Nicht zuletzt dieses hehren Zieles wegen hat der Verfasser des Buches (mit Verlaub!) seinem Affen kräftig Zucker gegeben. Kann es angesichts dieser Voraussetzungen – anschaulichster Ausmalung der Laster bei ihrer gleichzeitigen entrüsteten Zurückweisung – ernsthaft wundernehmen, daß der Erfolg des Buches durchschlagend war? Auch außerhalb Deutschlands und bis ins 18. Jahrhundert hinein, bei Gelehrten wie bei wenig oder gar nicht Gebildeten (letztere erhielten durch das seinerzeit beliebt gewesene Vorlesen literarischer Texte in lockerer Runde Kenntnis), bei Männlein wie Weiblein. So jedenfalls weiß einer der Herausgeber des »Grobianus«, Gustav Milchsack, glaubhaft zu berichten.

Das zugrunde liegende Phänomen selbst, die Ausbreitung »grober Sitten und unhöflicher (lies: nicht hofgemäßer) Gebärden« , hatte mit äußerst vielschichtigen ideellen wie sozialgeschichtlichen Entwicklungen insbesondere im 15. und 16. Jahrhundert zu tun. In ihrem Verlauf wurden Verfallserscheinungen von Teilen des Adels – vor allem des Rittertums – begleitet vom weiteren Vordringen »grobianischer« Praktiken im Umkreis des Landsknechtswesens und bäuerlich-plebejischer, aber auch städtischer Mittel- sowie Unterschichten, ja selbst des niederen Klerus. Tatsächlich war »die Vorliebe für das Drastische und Unflätige, für alles, was mit Nahrungsaufnahme und Verdauung, insbesondere im Bereich der Latrine, zusammenhängt, in Thematik und Wortwahl in keiner anderen Epoche so ausgeprägt wie im 16. Jahrhundert« (Barbara Könneker). In der zeitgenössischen Schwankliteratur sowie in zahlreichen Fastnachtsspielen – beide Gattungen weisen Gemeinsamkeiten mit der grobianischen Verssatire auf – finden entsprechende Erscheinungsbilder ihren oft beredten Ausdruck. Darf man die solcherart vermittelten Eindrücke auch nicht ungebrochen als »bare Münze« nehmen – denn in jedem Falle handelte es sich ja um literarisch überhöhte Darstellungen, die nicht zuletzt wegen des absatzsteigernden Unterhaltungseffekts vorgenommen wurden –, so zeigen viele gleichzeitige publizistisch-operative, »ernstgemeinte« Texte prinzipiell denselben Befund: daß man nicht gerade feinfühlig gewesen ist bei der Benennung von Alltagsbegebenheiten sowie im Umgang miteinander. Martin Luther etwa bezeichnete – um ein besonders »schlagkräftiges« Beispiel zu benennen – seinen Kontrahenten Thomas Müntzer als Rottengeist, beschissenen Propheten, lügenhaften Teufel, und letzterer rief den Reformator unter anderem Bruder Mastschwein, Vater Leisetritt, Höllenhund und sanftlebendes Fleisch zu Wittenberg. Überhaupt spielten die ob der möglichen Konsequenzen ihres Ausgangs oft heißblütig ausgetragenen konfessionellen Zwistigkeiten eine außerordentlich wichtige Rolle. Der später erneut zu apostrophierende Franziskaner Thomas Murner veröffentliche Ende 1522 eine Satire unter dem Titel »Von dem Großen Lutherischen Narren«, die von einer streckenweise geradezu obszönen Drastik ist und in der der Wittenberger von seinen Gegnern schließlich kopfüber »ins Scheißhaus« gestoßen wird. Vorangegangen war der Satire der Reformationsdialog »Karsthans« (1520/21), in dem Murner seinerseits als »ungeheures Tier« und als »Windbeutel« bezeichnet wird, der »mehr auf der Narrenwiese (eine Anspielung auf Murners Satire »Geuchmatt«: Narrenwiese) gevögelt hat als in der Heiligen Schrift studiert« – starker Tobak für einen strenggläubigen und gelehrten Mönch.

Hatten Zuspitzungen, Übertreibungen der geschilderten Art mit der Schärfe und der Schwere der ihnen zugrunde liegenden Auseinandersetzungen zu tun, so sind sie ohne die prinzipielle, von konkreten Anlässen mehr oder weniger unabhängige Aufgeschlossenheit des Säkulums für ein geharnischt-derbes Tun und Sagen kaum hinreichend zu erklären. (Rund ein Jahrhundert später übrigens werden sich Satiriker wie Grimmelshausen, Moscherosch oder Logau mit dem veräußerlichten alamodischen Gehabe, mit den »Sitten- und Gebärden-Narren« ihrer Zeitgenossen, deren »Bücken und Ritschen«, »Hände- und Füßeküssen«, ihrer »Gleisnerei« und »Schmeichelei« herumzuschlagen haben und sich dabei – wenn auch in ironisch gebrochener Weise – auf die guten alten bäurisch-derben Sitten der Deutschen berufen. Wie sich die Zeiten ändern! Freilich ist die Sache – nicht unbedingt ihr Erscheinungsbild – komplizierter, als sie sich in der hier notwendigen Verkürzung, in der Beiläufigkeit der Anmerkung darstellen mag. Sie hängt unter anderem mit Entwicklungen in der »großen Politik« zusammen.)

Woher aber rührte die Aufgeschlossenheit »des« 16. Jahrhunderts gegenüber vergleichsweise rüden Bräuchen in Wort und Tat? Die genannten Zusammenhänge und Prozesse wurden überlagert von umfassenden Verweltlichungstendenzen unter dem Dach der Renaissancebewegung, der nach dem jahrhundertelangen mittelalterlichen »Zwischenspiel« vehement vollzogenen Wiederentdeckung des Individuums und seiner ihm naturbedingt gegebenen Rechte, auch in bezug auf deren kreatürlich bestimmte Dimension (allerdings darf »das« Mittelalter angesichts einer solchen Formulierung keinesfalls als ein einziger »Tugendtempel« gedacht werden, der von den in Artusroman und Minnesang gefeierten Idealbildern bestimmt gewesen wäre). Diesen »modernen« Entwicklungen war ein kräftiger antiasketischer Grundzug eigen, der nicht zuletzt im Bereich des Alltagslebens zu einer bisweilen geradezu selbstzerstörerischen Sucht führen konnte, sich »ausleben« zu wollen, zu einem zumindest zeitweiligen »Triumph der Leiblichkeit und ihrer Funktionen« (Erich Auerbach) über Sitte und Moral. Dies alles hatte mit schwergewichtigen sozialen, gar politischen Aspekten nur bedingt etwas zu schaffen, es war ein eher psychologisch bestimmtes Phänomen. Dennoch hing es auch mit realhistorischen Entwicklungen an der Schwelle zweier Zeitalter zusammen, mit dem

Vordringen einer leistungsbezogenen (nicht mehr primär geburts- und ständerechtlich bestimmten), einer dynamisch gewordenen Gesellschaft. Allerdings stellte sich hinsichtlich allzu derber Aufführung gerade in jenen – vor allem städtebürgerlichen – Bereichen und Schichten schnell eine tiefgreifende Ernüchterung ein, die sozialen Aufstieg allein durch persönliche Leistung sowie durch »mustergültige« Lebensführung, durch Tugend im weitesten wie im engeren Sinne des Wortes erreichen konnten. Bei alledem hatten die Fähigkeit und die Bereitschaft, sich »höflich«, d. h. gesittet, nach geschriebenen wie ungeschriebenen Regeln benehmen zu können und zu wollen, keine gering zu schätzende Bedeutung. So gesehen will der »Grobianus« nach der Absicht seiner Verfasser nicht zuletzt als Aufforderung verstanden werden, die ursprünglich höfisch geprägten und orientierten Verhaltensnormen nun auch in das Milieu des vermögenden wie des besitzlosen, ungebildeten Bürgers zu tragen. Dies um so mehr, als sich in den entsprechenden Konventionen nicht nur die spezifisch verursachten Übereinkünfte der Hofgesellschaft, sondern zugleich auch überzeitliche Verkehrsformen spiegelten, die »bürgerliche Gesellschaft« zudem keine originären Standards ausbilden konnte und wollte, weil ihre Angehörigen sich weithin als unangepaßte Individuen verstanden. Hinzu kam ein weiteres wichtiges Moment: Gleichzeitig mit dem so empfundenen und in gewisser Weise auch stattgehabten Vordringen grobianischer Sitten in einzelnen Bereichen vollzog sich im »Prozeß der Zivilisation« ein »Vorrücken der Peinlichkeitsschwelle« (Norbert Elias), das in wachsendem Maße ein Gespür für das ausbilden half, was allgemein als angemessen empfunden wurde. Im Koordinatensystem dieses komplexen und komplizierten Gefüges, das realhistorische, sozialpsychologische und mentalitätsgeschichtliche Befunde in unauflösbarer Einheit zusammenführte, entstand nicht nur die skizzierte Alltagspraxis, sondern auch eine ihr entsprechende spezifische Literatur, die im »Grobianus« ihren Gipfelpunkt finden sollte. Sie bezog die Direktheit ihres Benennens, ihren »kreatürlichen Realismus« auch aus dem Drang nach Verständlichkeit und Wirkungsmöglichkeit. Johann Fischart, einer der bedeutendsten Satiriker deutscher Zunge im 16. Jahrhundert, brachte dieses Wollen auf den drastisch zugespitzten Nenner:

Entweder schreib, daß man versteh,
Oder des Schreibens müßig geh.
Willst schreiben, daß man nicht soll wissen [verstehen],
Laß das Papier wohl unbeschissen.

Vorläufer der grobianischen Literatur waren insbesondere die mittelalterlichen Tischzuchten. Diese gehörten zur sogenannten Anstandsliteratur und hatten die Aufgabe sittlich-moralischer wie umgangspraktischer Normbildung und -einübung. Dabei spielten Standesfragen – etwa in bezug auf die Sitzordnung und die Reihenfolge des Speisevorlegens – durchaus eine Rolle. Aber es entwickelten sich auch Verhaltensregeln, die eher mit dem allgemeinen zivilisationsbezogenen Zeitgeist als mit Rangfragen zu tun hatten.

Zur leichteren Einprägung vornehmlich für die Heranwachsenden wurden die Texte in der Regel paarweise gereimt. In literarischer Hinsicht waren solche für die Alltagspraxis gedachten Anleitungsbücher normalerweise von geringem Gewicht. Eine Ausnahme von dieser Regel stellt das lehrhafte Gedicht »Der welsche Gast« (1215/16) des aus Oberitalien stammenden Edelmanns Thomasin von Zirclaere dar. Es fußt auf der Bibel, lateinischen Morallehren sowie auch auf mündlich tradiertem Material und vermittelt in seinem ersten Buch »Hofzucht« einen ritterlich bestimmten Tugendkatalog, an den die nachfolgende Tischzucht-Literatur wiederholt anknüpfte (unter dem genannten Titel erfuhr dieses erste Buch übrigens auch eigenständige Bearbeitungen). Ähnliche Bedeutung für die in Rede stehende Gattung hatte der sogenannte »Deutsche Cato«, eine häufig aufgelegte Sammlung von Klugheits- und Tugendregeln. In der Nachfolge dieser beiden Schriften entstand eine ganze Flut thematisch analoger Werke. Im Laufe des 15. Jahrhunderts begann diese Literaturgattung in Gestalt von Bauernsatiren mehr und mehr in ihr satirisch geprägtes Gegenteil »umzukippen«. Das heißt: An die Stelle der ursprünglich ernstgemeinten Anleitungen zu wohlgefälligem Handeln – viele der Schriften beschränkten sich nicht auf das Benehmen bei Tisch, sondern bezogen Umgangsformen ganz allgemeiner Natur in ihre Darstellung ein – trat sukzessive das »Lob« der vor Augen geführten Normabweichungen, der Laster und Gebrechen. Ein erstes herausragendes Beispiel solcher »verkehrten Tischzuchten« begegnet uns in dem 1512 erschienenen »Büchlein vom Zutrinken« des Johann von Schwarzenberg, das allerdings noch in starkem Maße zwischen Lob und ausdrücklich formuliertem Tadel des Trink-Lasters hin und her schwankt.

Der Verfasser droht den Trunkenbolden mit Hölle und Teufel, spart auch nicht an christlich und patriotisch gestimmten Ermahnungen. In dieselbe Richtung – die »verkehrte« Demonstration von Sitte und Moral – hatte bereits zu Anfang des 15. Jahrhunderts eine Cato-Parodie unter dem Titel »Wie der Meister seinen Sohn lehrt« gewiesen, in der dem Jüngling zu grobianischem Benehmen geraten wird. Lange nach dem Erscheinen des Dedekindschen »Grobianus« hat schließlich Hans Sachs mit seiner Schwank-Dichtung »Die verkehrte Tischzucht« (1563) in die publikumswirksame Kerbe gehauen. Anders als im Falle ihrer über die Zeiten hinweg bei alt und jung berühmt gebliebenen, teils vergleichbaren, teils unvergleichbaren literarischen Weggefährten, des »Till Eulenspiegel« (der erste gänzlich erhaltene Druck stammt von 1515), des »Rollwagenbüchleins« (1555), der »Historia von D. Johann Fausten« (1587) oder des »Lalebuchs« (1597, bekannt geworden unter dem Titel »Die Schiltbürger«, jüngst Johann Fischart zugeschrieben), gehört der in bezug auf seinen literarischen Rang unbedingt gleichzusetzende »Grobianus« heute außerhalb von Spezialistenkreisen zu den kaum bekannten Zeugnissen des fernen Jahrhunderts. Mag es an der Spezifik seines Gegenstandes, mag es daran liegen, daß er sich in der nicht jedem Leser willkommenen Versgestalt präsentiert, oder woran auch immer: Sein nur geringer heutiger Bekanntheitsgrad hängt gewiß nicht mit einer eingeschränkten literarischen Qualität, sondern eher mit den so oft von Zufällen und Unwägbarkeiten, auch Geschmacksänderungen begleiteten Entwicklungen im Bereich der Rezeptionsgeschichte zusammen.

Einen wirkungsvollen literarischen Ausdruck hatte das im Falle des »Grobianus« titelstiftende Phänomen gegen Ende des 15. Jahrhunderts gefunden. Da nämlich erschien das schnell berühmt gewordene und bis auf den heutigen Tag bekannt gebliebene »Narrenschiff« (1494) von Sebastian Brant. In ihm hatte der Straßburger »Doktor beider Rechte« (des kanonischen wie des weltlichen), der Gelehrte und Herausgeber älterer Literaturwerke im 72. Kapitel »zu Protokoll« gegeben:

Ein neuer Heil'ger heißt Grobian,
  Dem will jetzt folgen jedermann
Und ehren ihn an allem Ort
  Mit wüstem Werk und derbem Wort.

Die ein Jahr später erschienene zweite Ausgabe des »Narrenschiffs« vermehrte Brant um ein ganzes (übrigens ungewöhnlich umfängliches) Kapitel unter dem Titel »Von Unarten bei Tische«. Er stellte ihm das Motto voran:

Bei Tisch tut man Unschicklichs viel,
  Das man mit Recht nennt Narrenspiel,
Von dem zuletzt ich reden will.

Das Wort »Grobian« in der hier gebrauchten Bedeutung war bereits früher in der deutschen Literatur aufgetaucht, und zwar als Entsprechung für rusticus (lat. unbeholfen, grob; tölpischer Bauer. Dedekind setzte an die Stelle des Begriffs »grobianus« im fortlaufenden Text der Satire durchgängig »rusticus« oder »simplex« = schlicht, einfältig). Aber erst seit Brant hat es die für lange Zeit gültig gebliebene Bedeutung eines Unfläters vor allem bei Tisch erhalten. In der Nachfolge des Straßburger Frühhumanisten kam es zu zahlreichen analogen Bildungen wie Sankt Reblinus (Weinpatron), Sankt Schweinhardus, Sankt Nimmerlein und so fort – diese haben aber nicht die überdauernde Wirkung erreicht wie die Brantsche Bildung, unter deren begrifflichem »Dach« sich die Summe aller einschlägigen Laster in schöner Eintracht versammelt findet.

Weil sich die Sache so gut angelassen, weil das Thema ein so unerwartet großes Echo gefunden hatte, zog Brants Schöpfung des Sankt Grobian nicht wenige analoge Muster nach sich, etwa im Falle seines bereits erwähnten Zeitgenossen Thomas Murner, des »Heiligen Römischen Reiches obersten Dreckrüttlers«, wie Fischart den Franziskaner attributierte. In Murners »Schelmenzunft« (1512) tritt uns Meister Grobhans in konsequenter Ausdeutung der Figur als eine Sau entgegen, die den Vorsitz einer Tafelrunde unflätig-gemeiner Gesellen führt. Doch damit nicht genug. 1538 erschien in Worms von einem bis heute nicht mit letzter Sicherheit identifizierten Verfasser (möglicherweise handelt es sich um Wilhelm Salzmann) die kleine Prosaschrift »Grobianus Tischzucht bin ich genannt, den Brüdern im Sauorden wohlbekannt«, der sogenannte »Kleine Grobianus«. In ihm wurden der grobianischen »Brüderschaft« des Sauordens in sechzehn Artikeln Ratschläge für ein ausgelassen-derbes Benehmen bei Tafel erteilt. Heute ist kein erhalten gebliebenes Exemplar bekannt.

Elf Jahre später, also 1549, erblickte schließlich in lateinischer Sprache jenes Werk das Licht der literarischen Welt, das den Höhepunkt der thematisch einschlägigen Literatur bilden sollte: Friedrich Dedekinds (1525–1598) »Grobianus. De morum simplicitate, libri duo« (»Über einfältige Sitten, zwei Bücher«). Dedekind, zunächst Student der Theologie in Marburg und Wittenberg, später Pastor in Neustadt am Rübenberg (seinem Geburtsort, bei Hannover gelegen) und in Lüneburg, schließlich Superintendent und Inspektor der Lutherischen Kirchen im Bistum Lübeck, kannte nicht nur die literarischen Vorläufer seines Buches, sondern aus seiner Studentenzeit auch die Praxis grobschlächtigen Schaltens und Waltens. Speziell fußte er in seinem Werk auf dem »Kleinen Grobianus«. »Besonders bei einzelnen Verordnungen wie für das Krebsessen oder das Wechseln der Teller zwischen den einzelnen Gängen, bei den drei Trinkregeln herrscht zwischen den beiden Grobianusdichtungen eine so genaue inhaltliche Übereinstimmung, als sie nur bei der Verbreiterung, die Dedekind durchführt, möglich ist« (Adolf Hauffen).

Seine Satire, in geschliffenen lateinischen Distichen verfaßt, was dem alles andere als formbewußten »Inhalt« einen sozusagen verfremdeten Reiz verleiht, machte schnell die Runde in der deutschen, sodann auch in der europäischen Res publica litteraria, der Gelehrtenrepublik. Der geradezu spektakuläre Erfolg seines Buches veranlaßte den Verfasser zu mehreren erweiternden Neubearbeitungen, zuletzt unter dem Titel »Grobianus et Grobiana« (1554), worin sich den männlichen Unflätern solche des weiblichen Geschlechts in schöner Gleichberechtigung »liebevoll« an die Seite gestellt finden. Am meisten fortgewirkt hat indes die Fassung von 1549 (was auch daran liegen mag, daß sich in den späteren Gestaltungen manche Wiederholungen finden).

Die Verwendung der Gelehrtensprache schränkte die Aufnahmemöglichkeiten des »Grobianus« natürlich von vornherein stark ein. In einem Zeitalter, in dem nur wenige des Lesens überhaupt mächtig waren, mußte der Gebrauch des Lateinischen außerhalb der Gelehrtenschicht unüberwindliche Schranken errichten – gerade auch jenen gegenüber, die – im Sinne einer auf Tadel und Warnung ausgerichteten Spiegelfunktion des Buches – als seine »eigentlichen« Adressaten gelten konnten. Deshalb machte sich schon bald nach dem Erscheinen des Buches der Wormser Schulmeister Caspar Scheidt (um 1520–1565), Taufpate, zeitweiliger Herbergsvater und Lehrer Fischarts, von diesem als der beste »Reimist« der Zeit gepriesen, an eine Übersetzung. Statt der kunstvollen Distichen bediente sich Scheidt der in der zeitgenössischen Literatur üblichen Knittelverse, deren grobe, holzschnittartige Manier dem Buch auf ihre Weise sehr angemessen ist. Scheidt übertrug die Vorlage keineswegs »buchstabengetreu«, sondern erweiterte sie mit Hilfe zahlreicher neu eingefügter Späße und Histörchen schwankartigen Zuschnitts um die Hälfte ihres ursprünglichen Umfangs. Zugleich hat er »seinen« Grobianus mit vielen Randglossen in deutscher, lateinischer, italienischer, französischer und in einem Falle auch griechischer Sprache »gespickt und gesalzen«. Dabei handelt es sich um Wendungen und Sentenzen, die oft zum fortlaufenden Text in einem interessanten, weil aufschlußreichen Spannungsverhältnis stehen und weiterführende »Kommentare« darstellen. Zugleich lockern sie das Bild der betreffenden Blätter auf.

Über die Umstände und die Wirkungsabsichten seines Tuns sowie über die von ihm angestrebte literarische Struktur seines »Grobianus. Von groben Sitten und unhöflichen Gebärden« (1551) äußerte sich Scheidt wiederholt – etwa in der Widmungsrede an den »achtbaren und wohlgelehrten Herrn Friedrich Dedekind« oder in den Eingangsversen »Das Buch an den Leser« sowie im »Beschluß« des Werks. Aus allen Aussagen erhellt, daß er sich zum Ziel gesetzt hatte, die Unarten der zeitgenössischen Grobianer zurückdrängen zu wollen. Aber er gab sich keinen Illusionen hin. In der jüngeren wie in der weiter zurückliegenden Vergangenheit hatte es vergleichbar intendierte Bemühungen in mehr als ausreichender Zahl gegeben – ohne Erfolg:

Und wärn der Bücher noch so viel,
Man tut allzeit das Widerspiel.

Sollte angesichts dieser mißlichen Tatsache ein neuerlicher Versuch unternommen werden? Das konnte Scheidts Sache ebensowenig sein, wie sie die von Dedekind gewesen war. Vielleicht aber führte der umgekehrte Weg zum Ziel! In dieser Zuversicht läßt der Verfasser sein »Buch zum Leser« sprechen.

Will Zucht und Scham und Tugend schelten
Und sehen, welches mehr will gelten.
Habt allzeit ihr nun untergraben,
Was weise Leut geboten haben,
So tut auch nicht, was ich bedeute.

Folgt mir, dem Buch, also *nicht* nach, wenn ich »die Laster einmal lob«, gemäß dem auf dem Titelblatt abgedruckten Motto:

Lies dies Büchlein oft und viel
Und tu allzeit das Widerspiel.

Schon Dedekind hatte die mittelalterlichen Tischzuchten im Sinne ihrer Parodierung umfunktioniert, nicht zuletzt dadurch, daß er – ähnlich wie Brant im Falle des »Narrenschiffs« – selbst in die Rotte der Grobianer hinabgestiegen war, »mit ihnen zu johlen und zu lärmen, zu fressen und zu saufen« (Gustav Milchsack). Scheidt betonte diesen Aspekt, indem er seinem Text eine von ihm verfaßte Widmung des Lehrmeisters »Grobian von Lourdemont« (vom Tölpelberg) voranstellte. Das von dieser

Figur wesentlich mitgetragene Strukturprinzip der Verssatire – die ermunternde Belehrung der wüsten Rotte durch ihren erprobten und erfahrenen »Meister Grobhans« mit dem Ziel der *Warnung* an den Leser vor Nachahmung – hält der Wormser (der den in seiner Heimatstadt erschienenen vergleichbar aufgebauten »Kleinen Grobianus« übrigens mit ebensolcher Gewißheit gekannt hat wie Dedekind) mit wenigen Ausnahmen im Bereich der Randglossen konsequent durch. Der »Grobianus« korrespondiert hinsichtlich dieses Strukturprinzips in gewisser Weise mit einem bedeutenden Werk der deutschsprachigen mittelalterlichen Literatur, Heinrich Wittenwilers nahezu 10 000 Verse umfassender Satire »Der Ring oder Wie Bertschi Triefnas um sein Mätzli freite«, dem (neben dem »Grobianus«!) »genialsten Rülps deutscher Dichtung« (Adolf Frey). In ihm findet sich ein gewaltiges Freß- und Saufgelage gleichermaßen abschreckend wie unterhaltend »in Szene« gesetzt. Es ist allerdings unwahrscheinlich, jedenfalls nicht belegt, daß Dedekind oder Scheidt den »Ring« Wittenwilers gekannt und bewußt rezipiert hätten.

Wir können heute nicht sagen, zu welchem »Ergebnis« die beabsichtigten Zielvorstellungen der Verfasser des »Grobianus« geführt haben. Zudem läßt sich Literatur ohnehin nicht über den Leisten pragmatischen Nützlichkeitsdenkens schlagen – auch nicht diejenige des 16. Jahrhunderts, deren didaktische Aufgabe von ihren Schöpfern nicht selten ausdrücklich betont worden ist. Für die andere Absicht der Verfasser, die mit ebenso großem Nachdruck verfolgt wurde, nämlich zu unterhalten, Spaß und Kurzweil zu bringen, war der »Kunstgriff«, das Gegenteil dessen zu sagen und festzuschreiben, was »eigentlich« gemeint war, außerordentlich gut geeignet. Im Namen seiner Verurteilung konnten, ja mußten! die einschlägigen Laster des langen und breiten ausgemalt werden. Dazu Johann Fischart:

Ich muß die Mistflieg Mistflieg nennen,
Damit man lern, ihre Art erkennen,
Ich muß einem solchen Grobian
Die Sach grob geben zu verstahn.

Geht man in der Annahme fehl, daß sich gerade aus diesem Umstand ein erheblicher Teil des zeitgenössischen Interesses speiste? Unter welcher Voraussetzung sonst war es denn – selbst in diesem bisweilen so derben Jahrhundert – in gesitteter Runde erlaubt und opportun, den insgeheim womöglich gehegten Wunsch in die Tat umzusetzen, einmal »die Sau herauszulassen«? Die Antwort liegt in der (zugegeben ungehörigen!) Frage.

Im übrigen war das Verfahren prinzipiell ja nicht neu, wie schon der Hinweis auf Wittenwilers »Ring« verdeutlicht hat, sondern weitläufig tradiert und überaus wirkungsträchtig. In herausragender, wenn auch thematisch anders akzentuierter Weise und frei von zotigen Grobianismen (nicht von Derbheiten) hatte sich Erasmus von Rotterdam (1466–1536) in der Satire »Moriae encomion sive laus stultitiae« (»Lob der Torheit«, 1509/1511) seiner mit dem Ziel bedient, »in einer Plauderei ein Loblied auf die Torheit anzustimmen«, und zwar in der Überzeugung, »daß Leser mit nur einigermaßen hellem Kopf größeren Nutzen davon haben können als von den ernsten und prunkvollen Abhandlungen gewisser Gelehrter«. Diese Hoffnung hatte nicht getrogen, wie das gewaltige und anhaltende Echo auf »diese witzige Spielerei« beweist, die – im Unterschied zu manchem »gewichtigen« Werk des großen Humanisten und

Aufklärers – bis auf den heutigen Tag überaus lebendig geblieben ist. Ein weiteres – in mancherlei Hinsicht anders, grundsätzlich aber ähnlich strukturiertes – Beispiel analogen Herangehens bilden die in ihrer zeitgenössischen Wirkung geradezu sensationellen »Epistolae obscurorum virorum« (»Briefe von Dunkelmännern«, 1515 und 1517 in zwei Teilen).

Thematisch erneut im Umkreis der konfessionellen Auseinandersetzungen des 16. Jahrhunderts angesiedelt, »funktionierte« die Satire im Sinne ihrer Hervorbringer nur unter der Voraussetzung, daß sich ihre Leser – vergleichbar dem »Lob der Torheit« wie dem »Grobianus« – mit »hellem Kopf« und notwendiger Distanz zu den geschilderten Sachverhalten und Abläufen in die Lektüre einzubringen wußten und auch dazu bereit waren. Im »Grobianus« wurde dieses Verfahren in einer für den durch Drastik nicht abzuschreckenden Leser äußerst vergnüglichen, kurzweiligen Art amüsant auf die Spitze getrieben. Um aber ganz sicher gehen zu können, ob dieser literarischen Praxis nicht mißverstanden zu werden, versäumte Scheidt es im »Beschluß« des Buches nicht, sein auf der Hand liegendes und bereits zuvor bekundetes Anliegen noch einmal – sozusagen gebündelt – vorzutragen. Gemäß altgeübter und -bewährter Satire-Tradition: Die Laster sind zu strafen, Personen aber zu schonen! (eine Praxis, die sich übrigens im Umfeld des Reformationsgeschehens für etwa ein Jahrzehnt außer Kraft gesetzt fand) fehlt auch nicht der Hinweis, der Verfasser hätte das Buch »niemand zu Leid« herausgebracht, »niemand zu Nachteil, Schaden, Trutz,/ Allein zu eines jeden Nutz«. Wo sich das auf den erhofften Lesespaß bezogene Bekenntnis findet, das Werk sei »zur Fröhlichkeit gemacht«, da folgt postwendend die vor möglichen mißgünstigen Auslegungen schützende Aufforderung:

Doch daß man's les mit dem Bescheid,
Daß Nutz sei bei der Süßigkeit.

Unter dieser Bedingung wird in den siebzehn Kapiteln des »Grobianus« eine weite Palette an brachialer Dreistigkeit und Ferkelei genüßlich zur Vorführung gebracht, ja geradezu andächtig zelebriert – vom vergleichsweise harmlosen grobianisch-derben Sich-Schneuzen über das »Beutefassen« und Vollsaufen bei Tisch, das unflätige Heraus- und Anniesen, Husten, Spucken bis hin zum ungezügelten Furzen, Rülpsen oder Kotzen in »gemütlicher« Runde sowie zum anempfohlenen handgreiflich-zupackenden Umgang mit Angehörigen des schönen Geschlechts. So heißt es im »Beschluß« sehr zu recht:

Wohlan, es ist nun vorgestellt
Gewalt und Grobheit dieser Welt.

In welchem Maße das Werk den Nerv der Zeit getroffen hatte, zeigt die summarisch bereits angemerkte Resonanz sowohl der lateinischen als auch der deutschsprachigen Ausgaben. Im ersten Auslieferungsjahr (also 1549) erschienen 3 und bis zum Beginn des 18. Jahrhunderts mehr als 20 Bearbeitungen beider Fassungen der Dedekind-Ausgabe. Ähnlich erfolgreich war Scheidts »Grobianus«, der bis 1567 14 Nachauflagen erlebte und die weiteren Übersetzungen bzw. Bearbeitungen von Wendelin Hellbach (1567), Peter Kienheckel (1607) und Wenzel Scherffer (1640) stark beeinflußte. Mit Übersetzungen ins Ungarische (Ende des 16.

Jahrhunderts) und ins Englische (1605 und 1739) übersprang das Werk schließlich die Grenzen Deutschlands. Mit der zweiten englischen Übersetzung beschloß der »Grobianus« seine »fast 200jährige ruhmvolle Laufbahn, die ... von keinem anderen dichterischen Erzeugnis des 16. Jahrhunderts übertroffen worden ist« (Gustav Milchsack).

Friedrich Dedekind und Caspar Scheidt war mit dem »Grobianus« ein bedeutender Wurf gelungen, der sich in ihrem weiteren Schaffen nicht wiederholte. Dedekind gab unter anderem die Sprüche Salomos in lateinischen Distichen und den deutschen Katechismus Luthers in jambischen Versen heraus. Zudem verfaßte er zwei Dramen, die in die konfessionellen Auseinandersetzungen des Säkulums eingriffen. Scheidt trat mit zwei umfangreichen Gelegenheitsgedichten hervor. Der »Grobianus« indes hat beider Namen trotz zeitweilig eingeschränkter Resonanz der Verssatire unverlierbar durch die Jahrhunderte getragen.

Bücher haben, wie man seit altersher weiß, ihre Schicksale. Möge Meister Grobhans und seinen verkehrten Lehren am Ende unseres Jahrhundert eine Wiedergeburt beschieden sein, die dem künstlerischen Rang der Verssatire sowie ihrer Bedeutung in der Literaturgeschichte der Deutschen gerecht wird und es dem Buch ermöglicht, allen losen, für- und aberwitzigen Buben und Maiden zu kurzweilig-treuherziger Ermahnung zu dienen.

Greifswald, im April 1991 *Horst Langer*

Hic nullus verbis pudor, aut reverentia mensae.
Porcorum vivit gens pecuina modo.

Das Buch zum Leser

Es ist althergebrachte Sitt,
Was man gebietet, hält man nit.
Desgleichen, was man streng versagt,
Wie bös es sei, es wird gewagt.
Denn wie man Tugend lernen soll,
Sind alte, neue Bücher voll.
Liest man bei Sirach, Salomon
Nicht viele gute Lehren schon?
Auch haben Plato, Seneca
Gemacht viel schöne Opera.
Cicero, Aristoteles
Haben sich beflissen des.
Erasmus hat gelehrt dabei,
Wie züchtig sich zu halten sei.
Und wärn der Bücher noch so viel,
Man tut allzeit das Widerspiel.
Will niemand so die Tugend ehren,
So will ich's gegenteilig kehren
Und glatt den andern Weg beschreiben,
Wie man soll grobe Sitten treiben:
Knöllisch sein, unflätig, grob,
Daß ich einmal die Laster lob:
Will Zucht und Scham und Tugend schelten
Und sehen, welches mehr will gelten.
Habt allzeit ihr nun untergraben,

Was weise Leut geboten haben,
So tut auch nicht, was ich bedeute,
So werdet ihr erst rechte Leute.
Dies ist die neue Melodei:

Lies fröhlich und bedenk dabei,
Was dir zu tun, zu lassen sei.

Heu quam difficile est mores evellere pravos.

Dem achtbaren und wohlgelehrten Herrn Friedrich Dedekind, Magister der Künste etc., meinen unbekannten willigen Dienst

Mir zweifelt nicht, wohlgelehrter Friedrich, es werde Euch zum Teil befremden, von einem – so von Euch nie gekannt oder gesehen worden – Gruß oder Brief zu empfangen. Viel mehr aber wird es Euch verwundern, daß ich Euer Büchlein, den Grobianus (welchen Ihr vor zwei Jahren in Latein beschrieben und der von Euch selbst, so Ihr es gewollt hättet, in deutsche Reime oder Prosa hätte gebracht werden mögen), verdeutscht und in Druck gegeben habe. Doch so Ihr bedenkt, daß an einen Unbekannten zu schreiben nicht neu und lateinische Bücher zu unseren Zeiten, in denen das Mittel der Druckerei erfunden, in die Sprachen, deren sich der größte Teil gebraucht, zu transferieren, gar nicht seltsam ist, wird Euch mein guter Wille und meine Neigung gegen Euch weder fremd noch wunderlich bedünken. Soviel aber die Verdeutschung anlangen möchte, so habe ich – und viele andere besseren Urteils – dieselbe nicht weniger als notwendig angesehen denn die erste Gestaltung. Denn so in jetzt währenden Zeiten viele Dinge, so keines Lobes würdig sind, aufs höchste gelobt werden müssen: Warum sollten wir da nicht auch die groben, bäurischen, unzüchtigen Sitten (die wohl von den Alten allerwege gescholten, aber nun von dem größten Haufen und meisten Teil geübt, gelobt und für einen schönen Anstand geachtet und in vielen Ländern getrieben werden) mit allerlei Sprachen preisen und rühmen?

Denn sie sind so gröblich gesät und so tief eingewurzelt, daß sie allenthalben allzu wohl geraten und in Haufen aufgehen, daß niemand solche schönen Kräuter ausrotten will, kann oder darf. Dadurch es dahin geraten ist, daß wir auch deshalb von anderen Nationen gar adlige, subtile und höfliche Namen – wie porco tedesco, inebriaco, Aleman yurogne und andere schöne Titel mehr – erworben, das ist: deutsche volle Säue und grobe volle Deutsche, Comedones und Bibones genannt werden. Es müssen uns ja solche Namen wohlgefallen, daß wir den Ursprung, davon sie entsprossen, nicht vermeiden. Es haben gleichwohl auch andere Nationen ihre besonderen gröberen Bräuche, aber unsere Fehler mit anderer Leute Laster zu beschönigen, will uns nicht wohl gebühren. Und es ist wohl zu glauben, wie die Poeten es geschrieben, daß die goldene Zeit, da Zucht, Ehre und Ehrbarkeit werter und höher denn Gold oder Gut gehalten wurden, lange vorüber und von uns, die wir immer ärger und böser werden, nicht mehr zu erhoffen sei. Es wollte denn jemand sprechen, es wäre die rechte goldene Zeit eben jetzt, und möchte schier gewinnen, so er vorbringen wollte, daß von Anbeginn der Welt her (wie in allen Heiraten, Händeln, Handwerken, Ständen und Geschlechtern offensichtlich ist) das Gold nie so lieb und wert gehalten und begehrt worden, daß nicht unbillig die Ärzte gesagt hätten, das Gold stärke und erfreue das Herz. Man sieht ja augenscheinlich, daß viele geizige Filze einen zugeknöpften, versperrten Sack mit Geld der edlen Gesundheit vorziehen und alle diejenigen, so des Goldes und Geldes ermangeln, unwert und verworfen und vor den großen Hansen, die alle um das Feuer sitzen, sich nicht wärmen können, wovon der Poet Ovid richtig gesagt hat in seinem Gedicht:

Homer, kämst selber du zur Stunde,
Begleitet von der Musen Hunde,
Und brächtest weiter nichts mit dir,
Man stieß dich wahrlich vor die Tür.

Ja, nicht allein Homer: Käme Christus selbst wieder, man ließe ihn nicht ein, es würde ihm kaum mehr so gut ergehen, daß man ihn im Kuhstall sein Lager haben ließe, wie er sich damals auf Erden beklagte, er hätte nichts, da er sein Haupt hinlegen könnte. Dies sage ich nur, weil der Mammon, sobald er die groben, versteinerten Herzen eingenommen hat und für einen Gott gehalten wird, alle Tugend vertreibt, hinwegjagt und die Statt mit Lastern und Unbilligkeit besetzt. Darum bewegte Diogenes nicht unbillig die Frage, warum wir eher den Krüppeln und Aussätzigen unser Almosen geben denn den Gelehrten und Weisen, so uns dieselbigen arm und bedürftig vorkommen. Und er beantwortete sie so, daß wir nämlich (unseres groben, unordentlichen Lebens halber) eher besorgen, wir werden krumm, lahm und aussätzig denn gelehrt, weise oder geschickt. Aber sollte Diogenes wiederkommen, er würde bald sagen, man ließe beide, die gelehrten und andere Arme, Not und Mangel haben. So ist die leidige allerschändlichste Füllerei und Trunkenheit in einen solchen Schwang gekommen, daß unser Leben ein lauter Vollsaufen geworden und wer nicht ein Weinschlauch sein will, zu keiner Gesellschaft gehen darf oder doch über die Maßen und die Natur (die doch mit wenig zufrieden ist) trinken oder wohl beschimpft, gescholten, wo nicht geschlagen werden muß. Und es ist fürwahr mit gutem Gewissen nicht zu verantworten, den Mißbrauch solcher Gaben, deren es an vielen Orten mangelt, ungestraft oder aufs wenigste unvermahnt zu lassen, sondern ist entweder mit klarer, verständiger Ermahnung, so dieselbige (was selten geschieht) statthaben möchte, oder zumindest mit verdeckten, subtilen, ja (um Haß und Feindschaft zu vermeiden) etwa mit Scherz und kurzweiligen, doch strafbringenden Worten zurückzuweisen.

An guter Unterweisung ist kein Mangel, aber wie Persius in seiner ersten Satire sagt: Wer will solche Warnung lesen? Niemand, wahrlich niemand, einer oder zwei oder gar niemand, das ist schändlich und zum Erbarmen. Wohlan, so muß man sie – wie die Ärzte die Pillen mit Zucker und Gewürz bedecken – den Kranken darreichen und unter dem Schein eines süßen Pülverleins auch das Bittere zu ihrem Nutzen und Ihrer Gesundheit einbringen. Auch wie man oft an einen großen Herren, der mit Tyrannei, Zorn, Hoffart, böser Begierde oder anderen Lastern befleckt ist, zu schreiben pflegt, wie er so ein feiner, milder, tugendsamer und frommer Herr sei, daß seinesgleichen schwer zu finden, und ihn so schön ausstreicht, daß er in sich selbst geht und sich im Widerspiel erkennt, das ist: In seinen Lastern – und eben derselbe wird, wie man ihn beschrieben und haben wollte. Also muß man dieses grobe, unverständige, hölzerne, ungehobelte Volk, das weder gelehrten alten ehrbaren Leuten noch Oberen oder Amtsleuten einige Ehre, Untertänigkeit oder Reverenz beweist (und freilich aus den harten Steinen der Pyrrha und des Deukalion gewachsen ist), zuweilen loben und – wie auch in diesem Büchlein geschieht – ihre Sitten und Weise sehr rühmen, ihnen aber zugleich sagen: So sie sich von einem so gar unflätigen, schändlichen, groben Esel wie dem wüsten halsstarrigen Thersites bei Homer, dem wüsten unhöflichen Bauern in dem Leben Äsops, dem schändlichen Ham, der seinen Vater Noah vor seinen Brüdern beschämte, abkonterfeit und mit so groben, dicken ungeriebenen Farben dargestellt sehen oder hören würden, sie möchten sich vor solchem Gebaren entsetzen und sich davor hüten und wie vor einem schädlichen Gift ein Grauen haben, damit nicht alle Lehre in ein versteinertes, verdorrtes, unfruchtbares Erdreich fiele und keine Frucht brächte: Alsdann wären, o Friedrich, erst Euer Fleiß und Eure Arbeit, nachmals die meine, wie gering sie sei, in diesem Grobianischen Büchlein – darin der unzüchtigen, unflätigen Sitten kaum das hundertste Teil, sondern nur ein Auszug, Anfang, eine Präambel der gröberen Laster, so zu erzählen (will geschweigen zu treiben) wären, unhöflich und unadlig vor Augen geführt sind – wohl angelegt und eingebracht.

Es hat das Latein bei denen, so es verstehen, bereits unversehens Frucht gebracht, so daß zu hoffen ist, es werde dieses Deutsch bei dem groben Gesinde, welches das Latein gar nicht oder wenig versteht, etwa aus innerer Überzeugung, bisweilen der Schande, des Spotts und des Nekkens halber von Seiten der anderen, so darauf merken, noch mehr Nutz und Frucht bringen: Denn es ist im Lateinischen wie im Deutschen der Zweck unseres Begehrens und Hoffens, daß aus einer ungewöhnlichen Manier unerwarteter Nutzen entspringe. Es ist alles darin verkehrt und umgewendet, denn es hat sich auch die Welt umgewendet, und kehrt von allen Dingen das Hinterste zuvörderst – so muß man der Zeit dienen und nach dem gemeinen Lauf handeln.

Es ist ja die menschliche Natur zu allem Guten, das geboten wird, so träge, unwillig und widerspenstig, daß sie zu allem, was verboten ist, eine Liebe, Lust und ein Wohlgefallen hat. Es haben die ersten zwei Menschen mit der verbotenen Frucht im Paradies angefangen, und das ist von den Nachkommen bis auf uns von Tag zu Tag gröblich verstärkt worden, so daß der Poet nicht unbillig hat sagen mögen:

Nitimur in vetitum semper cupimusque negata.

Deshalb ist zu erhoffen, weil dieser Grobianus alle groben Sitten, Entgleisungen, Laster und Anstandslosigkeit lehrt, es werde der Welt (so sie auf ihrem alten Kopf bleibt) das Widerspiel hierin auch gefallen, und was er verbietet an guten Sitten, Zucht, Scham und Ehrbarkeit samt brüderlicher Treue und Liebe, die gar erkaltet und erloschen sind, werde also wieder angezündet werden, leuchten und in Schwang kommen.

Und aus dieser Ursache haben sich ihrer etliche vor zwei Jahren hören lassen, sie wollten das Latein verdeutschen, und obgleich ich auch unter ihnen gewesen, habe ich doch auf dieselben so viel länger, soviel sie mich an Verstand und Geschicklichkeit übertreffen, gern warten und auf ihre Arbeit hoffen wollen. Weil sie aber – entweder Geschäfts- oder anderer Zufälle halber oder daß sie die Zeit in solche Materie nicht einbringen oder, was sie gemacht, für sich selbst haben behalten wollen – bisher nichts publizierten, ich aber gleichwohl desselbigen von vielen ermahnt worden, bin ich zuletzt – als der Geringste, wie Horaz es empfiehlt, eine Materie vorzunehmen, die unseren Kräften gleicht, aus Anstiftung etlichen groben Gesindes, daneben nicht weniger durch Anreizung ehrbarer Leute und guter Freunde (damit das säuische Volk beizeiten einen Spiegel hat, darin es sich besehen möchte) – dasselbe in Deutsch zu bringen beredet worden und habe mich darauf nicht gesäumt und Euer Werk in die Hand genommen. Und habe es, weil in einer so gemeinen und bekannten Sache nicht viel Zeit zu vertun ist, aufs schnellste überrumpelt, dermaßen, daß ich – nachdem die Materie, wie mich dünkt, an und für sich nicht grob genug beschrieben werden kann, selbst wenn ich es noch gröber und weniger subtil getroffen hätte als geschehen – zu meinem begehrten Ziel gekommen bin.

Und habe unserer neu gemachten Freundschaft wegen die Bitte, Ihr und alle, die es lesen, wollten dasselbe für ein schlechtes und lustiges, doch nicht unnützes, grob gereimtes Traktätlein mit fröhlichem Gemüt aufnehmen. Daneben es mir nicht nachtragen, so ich etwa vom Text abgewichen, wie ich es bisweilen auf deutsche Art und Sprache gebracht, wie es mir zugefallen, hinzugetan und mit eingemischt (wie die Musikanten oftmals unter die vorgeschriebenen Noten ihre Läuflein bringen und den Gesang variieren, doch allerwegen wieder in den Rhythmus kommen), so Eurem Sinn und Eurer Meinung aber nichts verfälscht oder genommen.

Ich hätte wohl mögen weiteres dazu tun, aber ich zweifele nicht, Ihr werdet seither viele grobe Punkte den Burschen abgemerkt haben, die ich zu jeder Zeit, samt den meinen, so ich gefunden und wahrgenommen habe, zu einem besser gehobelten Grobianus habe sparen wollen.

Ich habe es auch zuzeiten, um einem jeden mit mehr Kurzweil zu dienen, mit mancherlei Anmerkungen gespickt und gesalzen, in der Hoffnung, so ich gute Meinung der Leser diesem schlechten Buch gegenüber spüren würde, in Kürze etwas von anderer Materie, so ich aus der französischen Sprache zu transferieren willens bin, fleißig an den Tag zu geben.

In der Zwischenzeit will ich mich in Eurer und in der Huld und Gunst aller derer, denen dieses Grobhänslein unterkommt, besonders der ganzen kunstliebenden Wittenbergischen Gesellschaft, als eigen befohlen haben.

Gegeben zu Worms, den 3. September im 1551. Jahr

Ein gutwilliger Unbekannter,
Caspar Scheidt von Worms.

Den unflätigen, groben und unhöflichen, seinen lieben Schülern und angenommenen Kindern wünscht Meister Grobian von Lourdemont viele wüste Sitten und tölpische Gebärden

Nachdem ich, Meister GROBIANUS, kunstreicher, wohlgeübter, erfahrener und weltberühmter Löffelschnitzer und Träger der groben Hölzlein zu Lourdemont, großen Fleiß und große Arbeit angewandt habe bei der verstockten Jugend mit täglicher Unterweisung, damit sie zu aller Grobheit und Untugend zum besten abgerichtet und perfekt würde, ist mir dieses zum Teil also wohl abgegangen und geraten, daß sie dessen mehreren Teils mit Grobheit nicht zu verbessern ist. Nun wird mir aber die Mühe leider zuviel, der Haufen aber des groben Geschlechts meiner untertänigen Schüler zu groß und von Tag zu Tag zu stark, welches eine treffliche Ursache, daß ich's die Länge (Euch sei es geklagt, o höchster Patron Bacchus, und allerteuerste Ceres) nicht mehr erschwingen oder erleiden mag, denn zu dem, daß mir an Alter und Jahren viel zu, an Stärke aber, Vision und Kräften täglich abgeht, habe ich mit Rat meiner allerliebsten, zarten und tugendhaften Hausfrau Grobiana – erwählter Spinnerin der groben ungezogenen Dirnen und faulen Mägde – ernstlich bedacht, daß wir alle übernächtig und sterblich sind und dazu die Groben ebensobald oder oftmals (wo nicht durch große Gewohnheit ein natürlicher Brauch aus emsigem Essen und Trinken geworden) viel eher als diejenigen, so sich allezeit subtil und mäßig halten, von hinnen aus diesem groben Tal scheiden, welches kein kleiner Abbruch ist. Zudem habe ich keinen eigenen Leibeserben, aber Eurer viele, wie Eurer Grobheit wohl zu wissen, an Kindes Statt angenommen, auch erwogen, daß diese Kunst, in welcher sich ungebührlich, wüst und unflätig bei jedermann zu halten, gelehrt wird, in einen Abgang geraten und ein Ende nehmen möchte. Dabei angesehen, daß keine Kunst ohne gewisse Regel, Maß und Ordnung, viel weniger denn eine Stadt ohne Ringmauern lange bestehen, fest bleiben und wider ihre Feinde erhalten und geschützt werden mag. Das haben auch viele, die in hohen Künsten (deren ich nie geachtet) berühmt gewesen, sonderlich vorgesehen. Ich will nennen den sinnreichen Poeten Ovid: Hat er nicht das edle auserlesene Buch von der Kunst zu buhlen, was doch die Natur – mehr als den Weisen gefällt – erheischt, so fleißig geschrieben? Desgleichen Obsopoeus ein Buch (darin er uns, doch daß ich ihm keinen Dank weiß, taxierte) von der Kunst zu trinken, daran Euch noch viel fehlt, an den Tag gegeben – außer den anderen Büchern, so geschicktere Leute, als wir sein wollen, von Kriegen, Büchsenschießen, Fechten, Springen, Ringen, Schwimmen, Kochen mitsamt der zweifelhaften Alchemie-Kunst und anderen nekromantischen Stücken haben herausgehen lassen. Es werden auch in welschen Landen besondere Schulen, darin man kunstreiches Tanzen lehrt (dazu ihr etwas zu schwer und ungelenkig seid), gehalten. Ich geschweige der Sieben Freien Künste, welche ich Euch – als meinen groben Schülern – Eures tollen ungesalzenen Hirns halber, da sie zu schwer und zu subtil zu erlernen sind, widerrate und verbiete. Sind sie nicht (ich habe es denn falsch verstanden) in besondere Regeln und Gebote – ohne welche sie nicht recht gelernt oder behalten werden können – von unseren Todfeinden, den Philosophen und spitzfindigen Leuten, verfaßt und gesetzt worden? Solches und anderes, ihr allerliebsten Kinder und Grobianer, welchen Standes, Alters oder welcher Kondition ihr sein möget, als meine lieben Schüler, denen ich an Grobheit alle Geheimnisse allezeit mitgeteilt, bedenkend, auch erwägend, daß mir die alte Atropos des nächsten Tages einst den Faden meines Lebens abschneiden möchte und Euch meiner, ehe es Euch nützlich wäre, berauben, hab ich zum tiefsten beherzigt und angesehen, daß das Begreifen meiner gedachten kunstreichen Lehre sehr leicht, Eure Köpfe aber und Euer Verstand (ob sie wohl sonst zu allen edlen Tugenden ungeschickt) zu unserem Vorhaben von Natur geschickt und fähig sind. Habe deshalb also einen Anfang ungefähr etlicher meiner unhöflichen, groben Sitten und Stücke, wie sie mir zugefallen, zusammengeklaubt und erstmals in Latein – für diejenigen, so dasselbe verstehen –, jetzt aber Euch allen zu größerem Geschick auf Deutsch drucken lassen. Damit aber solch edles Werk (daran uns viel gelegen) von den Klugen und Weisen mitsamt allen Euren groben Gebärden ungestraft, ungescholten und ungetadelt bleiben möge, will ich das nicht einem allein, sondern Euch, meinen groben Kindlein, die mir sonderlich gehorsam sind und die ich zugleich liebe, in einer Summe miteinander allen und jedem, so zu grober, wüster, ungezügelter Grobität Lust tragen, geschenkt und als mit einem köstlichen Kleinod verehrt haben – in der Hoffnung, Ihr werdet gedachtes Büchlein in Eurem großen Regiment nach allem Vermögen beschützen und handhaben, daß keiner des kleinen, unachtbaren und von uns verworfenen Häufleins, deren Anhänger Weisheit und Ehrbarkeit nachstellen, gegen Euch die Nase rümpfen und die Mundwinkel verächtlich herabziehen dürfe. Damit diese unsere löbliche Gesellschaft vermehrt, daneben alle Tugend, Zucht, Scham und Mäßigkeit, wie schon (Bacchus sei Lob) zum Teil geschehen, ganz ausgerottet und vertilgt werde. Bin deshalb guter Hoffnung, Ihr werdet dieses hohe Geschenk gegen mich alten und schwachen treuen Meister erkennen und auf Eure Nachkommen und alle Grobianer kommen lassen, so will ich meinen uralten Namen Grobianus auf Euch alle vererben und bleiben, damit meines Stammes und Namens bei Euch in allen groben Stücken gedacht werde.

Gegeben zu Lourdemont, den 31. Februar im Jahre meiner Meisterschaft ohne Zahl

Euer getreuer Vater und
Meister GROBIANUS

DAS ERSTE BUCH GROBIANI

Von unhöflichen Sitten und bäurischen Gebärden

Also, ihr groben Hölzlein alle,
  So jemand ist, dem wohlgefalle
Grob, bäurisch und unhöflich Art,
  Wie's meine Schüler halten hart,
Der lies dies Büchlein, stark gesalzen,
  Mit groben Zoten wohl geschmalzen:
Er soll sich also bessern draus,
  Daß jedermann im ganzen Haus,
Der ihn ansieht, soll sagen frei,
  Daß er ein Grobianer sei
Und hab das Handwerk wohl studiert,
  Das einem Rüpel stets gebührt:
Will er nur folgen meiner Lehre
  Und tun, was ich von ihm begehre.
Gefällt die Art nicht jedermann,
  So fecht dich keine Sorge an.
Acht nicht, was jeder schreit und tobt.
  Nur Narren wolln, daß man sie lobt.
Aber einem tapfren Mann
  Steht Ruhmessucht nicht löblich an.
Den preis ich, der wohl leiden mag,
  Was immer jemand von ihm sag:
Man urteil von ihm, was man wöll,
  Ich sag, er sei ein gut Gesell,
Der nie 'nen Meister haben wollt,

Der strafen ihn und schelten sollt,
Halsstarrige Grobianer
Und der ihn so läßt eben sein,
Und was er tut, sei gut und fein.
Nun will erzählen ich geschwind,
Was bäurisch grobe Sitten sind.
Anrufung der groben Heiligen
Silvanus steh mir tröstlich bei,
Daß ich hier möglichst kräftig sei,
Mit deinem grünen Kränzlein gut,
Das dir die Schläf umgeben tut.
So schweres Amt gab es noch nie,
Wie ich es jetzt verrichte hie:
Dir und Bacchus wohl zu Ehren
Will ich die Jugend Mores lehren,
Auf fremde Art, mit neuem Schlag
Sich grob zu halten Nacht und Tag,
Dem albern Volk zu Lieb und Nutz,
Den Ehrbarn nur zu Leid und Trutz:
Dazu ich deiner Hilf bedarf,
Die Sach ist wichtig, schwer und scharf.
Auf deinen Rat bin ich erpicht,
Drum hoff ich, du verwehrst ihn nicht.
Ein guter Gast wohl neben dir
Bacchus muß mit, wo man grob sein will.
Ist Bacchus, bring ihn mit zu mir,
Da er ein guter Schlucker ist,
Dem nimmer kühler Wein gebrist.
Auch Satyrn bringe mit ein paar,
Der Waldgötter verwegne Schar,
Das ehrliche Völklein
Den Pfaffen auch vom Kahlenberg,
Der trieb sein Tag viel Narrenwerk.
Vergiß auch Markolf bitte nit
Und bringe Eulenspiegel mit,
Ubi non est
Was sonst noch sind für grobe Knollen,

Die bei der Arbeit helfen wollen.
Bring schöne Bauernmetzlein viel,
So treiben wir gut Affenspiel.
Versorgt euch alle mit Proviant
An Obst und Trauben allerhand,
Mit Wein die Flaschen wohl geladen,
Umhängt mit Würsten, Käse, Fladen,
Und einen Korb voll schöner Eier:
Ach Bacchus, lieber wilder Meier,
Kommst du mit solchem schönen Trosse,
Ergibt es eine starke Posse.
Und hab auch acht auf feiste Nudeln,
Die sich mit Sauermilch besudeln:
Das Fieber schüttle eure Leiber,
Ihr unverschämten Schluderweiber.
Seht, wie euch steht die Bluse offen,
Als wären Küken draus geloffen,
Am Rücken Federn, Heu und Stroh,
Die faulen Mägde tun heut so,
Das Haar verstrubbelt und zersaust,
Als wär's ein Jahr lang nicht gelaust:
O liebe Mägde, es ist klar,
Voll Ungeziefer steckt das Haar.
Wo bleibt nur Markolf, ist er hie?
Ein schönern Gast, den sah ich nie.
O Eulenspiegel, komm herbei,
Sag, wie 'nem Schalk ums Herz wohl sei,
Du hast gar viele Stück gerissen,
Die nimmer ich kann sämtlich wissen.
Wohlan, seid ihr nun alle hier,
Das grobe Volk erfreut mich schier.
Denn soviel Einfalt ist nicht übel,

Peplum, ibi non est gaudium.

Die lustigen Mägde

Schluderweiber

Komm, Bacchus, her, du schmutz'ger Kübel,
Mein Tintenfaß, das halte mir.
Und ohne Zorn seid alle ihr,
Daß ich viel Possen mit euch treib.
Komm, Ceres, her, du treues Weib:
Sine Cerere & Baccho friget Venus.
Ich muß mich erst einmal bequemen
Und einen guten Trunk jetzt nehmen,
Will vorführn euch dann grobe Sitten,
Hab große Federn zugeschnitten,
Hab Tinte viel und auch Papier,
Wohlan, das alles dienet mir.
Die Sach ist groß und wird mir sauer,
Silvanus, komm, du grober Bauer
Und sag mir heimlich, klipp und klar,
Daß ich nichts schreib, es sei denn wahr.
Hör, Bacchus, mit dem großen Bauch,
Lang mir dort her den vollen Schlauch,
Gib aus dem Sack gebratne Wurst,
Ein kühler Trunk drauf löscht den Durst.
Ich will erlaben meinen Geist,
Der ohne Zehrung ruhet feist.
Drum laß mich tun 'nen guten Schluck
Auf dich, Markolf, mit einem Ruck.
Haha, das war ein rechter Trank,
Ich bin gesund, war vorher krank.
Wohlan, ich schreib: Wer hören will,
Der putz die Nas und schweig fein still.

DAS ERSTE KAPITEL

Vom Aufstehen, Anziehen, von langen Haaren und gelben Zähnen

Arrige aures, Pamphile.

Hier lern ein jeder Schüler mein,
  Der niemand will gehorsam sein
Noch tun, was man ihm weis und sag,
  Hierin er bald ergreifen mag,
Was ihm zur Grobheit noch gebrist,
  So er ein wenig fleißig ist.

Wann er aufstehen soll.

Zum ersten sollst du mich verstehn:
  Des Morgens, wenn du willst aufstehn,
Das soll gar selten nur geschehn,
  Eh du den Tisch gedeckt magst sehn.

Das »Guten Morgen« im Bett lassen

Den Eltern wünsch nicht guten Tag,
  Der Wunsch ja doch nichts helfen mag:
Drum spar dein Wort nach grober Sitt
  Und blas das Kraut und Mus damit,
Das Hemd leg an, mach's dir bequem,
  Daß du nicht mußt im Kalten stehn.

Aus warmen Federn in eine warme Stube

Nimm flugs die Kleider auf den Arm,
  Lauf in die Stube, die ist warm,
Und zieh dich bei dem Ofen an,
  Daß Kälte dir nicht schaden kann.
Laß dich nicht hindern, ob dabei
  Jungfrau oder Eheweib sei:
Mußt dich nicht schämen ohne Kleid.
  Stört jemand das zur selben Zeit,
Sprich: Wer so nicht gern ansieht mich,
  Der geh hinaus, entferne sich.

Jungfrauen-knecht

Die Scheu der Jungfraun kannst du sprengen,
Läßt du in Ruh die Hose hängen
Bis auf die schwarzen Knie hinab,
Daß man dein auch zu lachen hab.

Jede sagt: Nimm du ihn, ich will ihn nicht.

Die Jungfraun sind dir darauf hold,
Und jede dich gern haben wollt.
Nähm dich in solchem Abenteuer
Ein reiches Weib, käm's dir zur Steuer.
Leg Gürtel nicht um deine Lenden,
Man möchte dir's zur Hoffart wenden.

Ungekämmt

Das Haar strähl nicht, hüt dich beileib,
Haar aufzupflanzen ziemt dem Weib.
Ein Mannsbild soll sich nicht aufputzen,
Wie sich die jungen Buhler mutzen,
Dir aber reicht's zur Zierde gar,

Das Haar voller Federn

Wenn dir voll Federn hängt das Haar:
Daraus kann jedermann erwägen,
Daß du nicht hast im Stroh gelegen.

Langes Haar

Das Haar laß wachsen in die Läng,
Daß es dir auf die Schultern häng:
Ob's schon dem Scherer nicht gefällt,
Es hilft dir gegen Winterskält.
Die Alten trugen auch vorzeiten
Das Haar so, wie die Bücher deuten,

Das Wasser ist teuer.

Denn lange Haare machten Ehr,
Jetzt lohnt man keine Einfalt mehr.
Auch ziemt es deinen Sitten nicht,
Zu waschen Hand und Angesicht.
Denn deiner Grobheit wohl ansteht,
Wenn beides in Unflat gerät.
Laß waschen, wem es wohl gefällt,
Acht nicht, wie sich ein andrer stellt.

Wer Unlust hat an deiner Weise,
  Der geh vom Tisch, such sonstwo Speise.
Und sollst du dir die Zähne putzen, *Gelbe Zähne*
  Sprich: Was bringt es mir wohl für Nutzen?
(Denn in der Tat wirkt ungesund
  Das kalte Wasser in dem Mund.)
Verschone meine Zähne flugs,
  Ist Safran nicht auch gelb von Wuchs?
Die Farb hat auch das schöne Gold,
  Dem jetzt sind alle Menschen hold,
Das köstlichste von den Metallen
  (Laß gelbe Zähne dir gefallen).

DAS ANDERE KAPITEL

Von der Höflichkeit des Naseputzens, Niesens, Lachens, Hustens und vom Zustand der Kleider

Hast du die Augen aufgeschlagen,
Essen her. Befiehl, das Essen herzutragen.
Das halt in deiner Hand so stark,
Hündischer Fraß Daß durch die Finger trieft das Mark.
Du brauchst nicht Teller gleich sodann,
Es kommt doch auf den Imbiß an.
Wie du dich halten sollst beim Essen,
Das wollen wir auch nicht vergessen:
Doch muß ich dich erst unterrichten,
Wie du sollst dein Benehmen richten,
Dein Angesicht, Leib und Gebärden,
Daß du magst Grobianer werden.
Unzüchtig Zuerst sollst du dich fleißig hüten,
Niemand Zucht noch Ehr erbieten.
Scheel ansehen Zieh greulich schief nur dein Gesicht:
Freundlichkeit verschwende nicht.
Brüllaffen Denn die auf Tugend achten bieder,
Schlagen gern die Augen nieder,
Was unsrer Regel ist zuwider;
Laß du deshalb bald auf, bald nieder
Die trüben Augen Blicke schießen,
Möcht's irgendwen wohl auch verdrießen.
Stiere Augen Verdreh die Augen, rümpf die Stirn,
Das zeigt in dir ein reges Hirn.
Dein Angesicht gleich einem Stier,

Der eben fällt zur Erde schier,
Weil ihn ein Streich getroffen schlimm;
Gleich einem Ochsen voller Grimm,
Der seinen Gegner will bezwingen –
Denn solche Sitten muß erbringen,
Wer Lob erwerben will von Leuten,
Daß sie auf ihn mit Fingern deuten,
Daß jedem seine Art gefällt
Und jeder spricht: Der wird ein Held.
Niemand sich verstellen kann,
Man sieht es seinem Antlitz an.
Es ist der Brauch in fremden Landen *Rotzaffen*
Wie Indien, wo Gold vorhanden,
Auch Edelsteine, Perlen schier,
Daß an die Nas man hängt sie hier.
Das alles nennst du nicht dein eigen,
Drum sollst du so die Nase zeigen:
Ein wüster Tropfen rechter Länge
Aus beiden Löchern raus dir hänge,
So wie Eiszapfen an dem Haus –
Das ziert den Kolben überaus;
Und gilt es auch als liederlich,
So wird es dennoch schmücken dich.
Doch achte auf die Sache bloß,
Daß nicht der Tropfen wird zu groß,
Sei deshalb also nicht zu faul:
Wenn er dir reicht bis an das Maul,
Sich auf den Backen auch macht breit, *Frei heraus,*
Dann ist's, die Nas zu putzen, Zeit. *Unflat.*
Auf beide Ärmel wisch den Rotz,
Daß, wer es seh, vor Unlust kotz.
Es steht dir auch und deucht mich gut,

Schmierst du den Rotz an Rock und Hut,
Wischst ab am Bein ihn, füllst die Hand,
Und wirfst den Spiegel an die Wand,
Daß man's im ganzen Haus hört knallen
Die Scherben auf die Erde fallen.
Laß liegen sie, du mußt nicht kehren;
Wenn sie deshalb verärgert wären,
So kehrten sie wohl selber aus.
Wirf einen zweiten durch das Haus
Und sei nur aller Sorgen frei,
Wie der Verdruß zu wenden sei.
Du findest viel derselben Fritzen,
Denen stets die Ärmel glitzen,
Von Schnodder ringsum wohl geziert,
Die Backen auch mit Rotz beschmiert,
Die sich desselben Brauchs nicht schämen:
Die mußt du dir zum Beispiel nehmen,
Kein andrer Spiegel ist vonnöten.
Es ist kein Grund auch zu erröten,
Starke Schnauber wohl zu machen,
Daß man's im ganzen Haus hört krachen.
Und wenn es an das Niesen geht,
Dem Nächsten, der dicht bei dir steht,
Dem niese in das Angesicht,
Damit er auch: Gott helf dir! spricht.
Dazu sollst du mit lautem Schalle
Erschrecken deine Nächsten alle,
Urplötzlich Weiber, Magd und Kind,
Daß sie nicht wissen, wo sie sind.
Was du auch treibst in jeder Form,
So schäm dich nicht, 's ist unsre Norm.
Nur Dieb und Lecker schämen sich,

Darin besieh dich.

Räuspere dich, Unflat.

Helf dir der Teufel.

Sei genug des Frevels.

Vor aller Furcht behüte dich.
Auch höre zu mit ganzem Fleiß,
Wenn einer Zoten sag und reiß:
Dergleichen sprich auch du recht bald,
Daß man dich für geschickt drum halt.
Sagt Neues wohl ein fremder Gast,
Worauf du keine Antwort hast,
Weil du es nicht gehört vorher,
So sperr das Maul auf, und zwar sehr,
Als ob du wolltest Mücken fangen,
Und trag nach Zucht nur kein Verlangen.
Ist dann wohl etwas lächerlich,
So schick zuerst zum Lachen dich
Und mach ein stark Gepolter draus,
Daß man dich hör im weiten Haus,
Und wer grad durch die Gasse käm,
Dein schön subtil Gedröhn vernähm.
Auch sperr das Maul nur recht weit auf,
Daß zu den Ohren führ sein Lauf,
Zeig ungeniert nur die Spelunke,
Die teilgehabt an manchem Trunke,
Die gelben Zähne jedermann,
So steht dir's Lachen lustig an:
Wie es auch die Natur tut kund –
Bleckt nicht die Zähne jeder Hund?
Das diene dir als gutes Beispiel,
Von Hunden magst du lernen viel.
Und wenn schon jeder um dich schweigt,
Jedoch der Schalk dir wieder steigt,
So dröhne kräftig nach wie vor,
Daß jeder sieht, du bist ein Tor.
Lach jederzeit mit frohem Mut,

Läute mit der Sauglocke.

Mitten hinein.

Weitmaul

Lach über alle Backen, daß man deine Zähne sieht.

Per risum multum debes cognoscere stultum.

Sei es aus bloßem Übermut,
Daß niemand weiß, was es bedeute,
Ein jeder meint, du ulkst die Leute.
Fliegen ohne F (liegen= lügen)
Und übe dich recht früh zu lügen,
Daß drüber sich die Balken biegen.
Wenn es sich dann nicht reimen will,
So huste nach zwei Worten still,
Dieweil kannst du die Lüge schmücken,
So wird dir wohl dein Reden glücken
Und wird kein andrer Mensch verstehn,
Daß Lügen nur von dir ausgehn.
Da heute man oft töricht ist,
So nutz es, daß du witzig bist.
Husten
Beim Husten nimm auch eben wahr:
Den Hals reck gleich dem Nächsten dar,
Daß er 'nen Teil des Kodders fang,
Der Rotz ihm ins Gesicht gelang,
Das wird ihm sonderlich gefallen;
Ist jemand aber unter allen,
Dem solch Beginnen nicht gefällt
Und der sich drüber zornig stellt,
Dem stopf das Maul und seinen Kropf,
Frag ihn: Was stört dich stolzen Kopf,
Wenn dich mein Atem zügig trifft –
Ich glaub, du meinst, ich steck voll Gift?
Spiel dich nicht auf, nimm dich in acht,
Wir sind aus einem Teig gemacht.
Welch Schaden glaubst du zu empfangen,
Da dich mein Atem hat umfangen?
Du bist derselbe doch fürwahr,
Der du zuvor gewesen gar.
Das hören
Kein Rülpsen halt in deinem Schlund,

Wenn du lang bleiben willst gesund –
Drum gib den Kerker-Bruder los,
Daß er dir nicht die Zähn einstoß;
Denn merklich Schaden es nur bringt,
Wenn man die Luft im Leib einzwingt.
Die Dämpfe steigen in das Haupt,
Was die Gesundheit schnell dir raubt –
Fühlst du dich krank dann, ungeheuer,
So kommt dir Hofzucht viel zu teuer:
Hast lahme Glieder, kranken Bauch,
Drum treib von dir den schlimmen Rauch.
Willst du mal auf die Gasse gehn,
Wird dir ein wüster Hut gut stehn:
Denn ist er ordentlich gerichtet,
Mein Schüler gerne drauf verzichtet.
Es reimt sich mächtig und in Ruhe
Dazu ein Paar beschissner Schuhe.
Sie abzuwischen laß nur bleiben,
Du mußt sie in den Dreck doch treiben
Und wieder führen in den Kot:
Verlorne Mühe tut nicht not.
Ein langer Rock dir auch wohl steht,
Der dir bis an die Knöchel geht;
Er zeigt altbäurische Manier,
Ist grober Einfalt rechte Zier.
So kehrst du mit dem Fußtritt aus,
Kommst ungeschoren heim nach Haus:
Gleich wie ein Löwe mit dem Schwanz
Verwischt die Spur, gewinnt die Schanz.
Du kannst das Haus auch säubern leicht,
Der Umhang einem Besen gleicht.
Willst du den langen Rock nicht tragen

die Säue lieber als Orgeln.

Filzhütlein

Staubige Schuhe

Ein langer Beanus

Affenröcklein

Und dich auf neue Moden schlagen,
So zieh ein kurzes Röcklein an
Gleich wie ein Affe, Pavian,
Das sich nur bis zur Hüfte streckt,
Dir nicht einmal den Hintern deckt,
Jedoch der neuen Mode schmeckt;
Das trägt heut gern der Adel gar,
Auch manche fromme Kriegerschar.
Willst zu dem Orden dich gesellen,
Mußt seiner Mode du dich stellen.

Deutsche haben keine eigene Kleidung.

Für jedes Ding ist Ordnung gut,
Bei Kleidung sie nicht nötig tut.
Drum geb ich keine Regel an,
Ein jeder Ort schmückt seinen Mann.
Wo du auch bei den Leuten stehst
Und wenn du durch die Gassen gehst,

Die Hände auf dem Rücken

Die Hände hab stets auf dem Rücken,
Dort tu sie ineinander drücken,
Daß alle Menschen auf dich blicken
Und denken da zu allen Stunden,
Man habe sie dir draufgebunden.

Kurze Regel

Doch daß ich nicht treib viel Geschwätz,
Empfehle ich dir dies Gesetz:
Also stell stets dein Leben an,
Daß man mit Wahrheit sprechen kann,
Das ist ein rechter Grobian.

DAS DRITTE KAPITEL

Von Tischzucht, Tischdienst, Auf- und Abtragen und anderen Behendigkeiten

Du sollst dich freuen, ist gedeckt
  Der Tisch mit Essen, das dir schmeckt;
Das wird dein Magen wohl genießen,
  Da kannst du deinen Hunger büßen.
Doch mußt du vor dem Herren fein
  Mit Tischdienst untertänig sein.
Wenn du ihm hast erfüllt den Willen,
  Magst du auch deinen Kragen füllen.
Jetzt will ich dich die Sitten lehren,
  Die einem Diener zugehören. *Tischdiener*
Hör fleißig drauf, mein lieber Sohn,
  Was ich dich lehr, das bringt dir Lohn;
Von dieser Regel weich nicht ab *Lerne, Söhnlein.*
  Und halte dich wie folgt auf Trab:
Dienst vielen du ganz allgemein,
  Bei Freunden oder auch daheim,
Dann diene stets auf gleiche Art,
  So wird ihr aller Wohl gewahrt.
Zieh deinen Rock zuerst gleich aus,
  Wirf in die Ecke ihn im Haus, *In des Knechts Kistlein*
Daß er dich ja nicht stör im Nu,
  Wenn du dem Tisch trägst Essen zu;
So sieht man schnell mit einem Blick,
  Ob du bist mager oder dick.
In Hosen und im Wams dich zeige,
  So spielst du gleich die erste Geige.

Wie ein bleiernes Vöglein

Und lauf geschwind du nur herzu,
  Wie es ein bleiern Vöglein tu.
Bei deiner Grobheit ja bedenk,
  Daß du dich einschnürst, nicht zu eng,
Damit du dich wohl bücken kannst
  Und kratzen auch, juckt dich der Wanst.

Hübsches Hänslein

Die Hosen solln zerrissen sein,
  Als ob du kämst vom Kampfplatz heim.
Denn solche Löcher sind 'ne Lust,
  Auch Kleiderfetzen auf der Brust
Und auf den Knien zwei weitre Augen,
  Du darfst nichts flicken, soll's noch taugen.

Hans Unlust

Wenn du so ausgerüstet stehst,
  Bei Tische zu den Leuten gehst,
Steht alles dir gar lustig an,
  Wirst du gelobt von jedermann.
Besonders Weiber, junge Fraun,
  Die haben Lust, dich anzuschaun,
Und werden dir alsbald vertraun.
  Die Alten lehrten das Gesind,
Daß es sich gradehielt und stünd;
  Hör zu, was ich dich lehr geschwind:
Steh du auf einem Fuß allein,
  Daß allzeit ruhen kann ein Bein.
Jetzt brauch den rechten, dann den linken
  Und steh wie vor dem Niedersinken.
Auch wechsle immer mal das Glied,
  Wie mit den Bälgen tut der Schmied,
Und wie beim Orgeln es sich stellt,
  Ein Balken steigt, der andre fällt.
Nun merke, ob dir dienlich ist,
  Was vor dir macht ein Organist.

Noch weiter ich dich lehren will: *Herum-*
Die Hände halte niemals still, *zappeln*
Denn Müßiggang ein Laster ist;
Drum billig du zu loben bist,
Wenn du mit deinen Händen viel
Treibst Possen und manch Gaukelspiel.
(Tun solches nicht die losen Gecken, *Lotterbuben*
Um manchen Taler einzustecken?)
So laß die Hände munter rasen,
Polk Grind herab und öffne Blasen.
Und jucken die verschorften Hände,
So schubber dich am selben Ende.
Nun fahr hinauf, kratz dir den Kopf,
Hernach die Ohren unterm Schopf.
Dein Hütlein lern herumzudrehen, *Fantasiere*
Daß dir die Gäste gern zusehen. *wie ein*
Fang Mücken oder fantasier, *Stockfisch!*
Was du nur kannst erdenken dir.
Dann stemm die Hände in die Seiten, *Audaculus*
Als könntest du mit vieren streiten:
So schätzt man dich als Hauptmann gar
Und achtet dich als stark fürwahr.
Daß du nur nichts freiwillig tust!
Und wenn du je zur Arbeit mußt, *Maulesel*
So brumm und schnurr gleich wie ein Bär,
Als ob dein Herr ein Sauhirt wär:
Und gib ihm viele Worte nur,
Will er befehlen, bleibe stur.
Wenn an dem Tisch ein Grobian säße, *Simile*
Unflätig hielt sich, säuisch fräße, *gaudet simili.*
Dann achte stark auf die Gebärden,
So magst du ihm bald ähnlich werden.

Schau ihn stets an und sieh ihm zu,
  Wie er am Tisch sich halten tu,
Gute Sitten Was er so treib, anfang und sag,
  Was er für wüste Kleider trag:
Und wie er sitzt, trinkt oder frißt,
  Das Maul zu schließen er vergißt.
Wie er die Hände hält bei Tisch,
  Woran die Nase er abwisch.
Ein Esel schilt den anderen einen Sackträger. Und reißt er einen derben Geck,
  So lache laut und sieh nicht weg
Und spotte hart des groben Schergen,
  Sollst deinen Frohsinn nicht verbergen;
Trag deinerseits ihm mit Geschrei
  Zwei Zoten an, vielleicht auch drei,
Daß jedermann es werd gewahr,
  Die Gründe deines Spotts erfahr:
So wird er schnell es auch vernehmen
  Und sich vor allen Gästen schämen,
Von einem Narrn gefoppt zu werden
  (Erb du von ihm nur die Gebärden).
Je mehr da Leute sind vorhanden,
  Je eher bringst du ihn zu Schanden.
Naschmäuler Nun lerne, sollst du Fleisch auftragen,
  Deinen Teil auch zu erjagen,
Dich zu verstecken vor den Leuten,
  Die besten Stücke zu erbeuten:
Die stehn dir zu mit gutem Recht,
  Daß du nicht bist vergebens Knecht.
Dazu trag auch zu allen Zeiten
  Große Beutel an den Seiten,
Die Speise verbergen Darein du steckst an Proviant
  Zu deinem Vorteil allerhand;

Auch nimm nicht Anstoß je daran,
Merkt dir die Posse jemand an
Und spricht: Du bist ganz unverschämt!
Entgegne ihm drauf unverbrämt:
Du hast gut reden voller Groll,
Meinst du, daß ich hier fasten soll
Und jedem von euch sehen zu,
Wie er den Kragen füllen tu?
Fürs Darben bin ich nicht zu haben,
Wir Jungen müssen uns stets laben.
So ist ihm schnell gestopft das Maul,
Friß du dann wieder wie ein Gaul:
Und leer die Schüsseln ohne Bangen,
Das macht dich feist und füllt die Wangen.
Und wenn du etwas niederstellst
(Du nicht damit zur Tür reinfällst),
Dann setz es so bedächtig nieder,
Daß von der Platte springt es wieder
Und schwimmt da auf dem Tisch ganz
prompt,
Daß jedermann sein Teil bekommt;
Auch daß die Gäste es bespritzt
Und Zeugnis gibt, wie du gewitzt.
Was sollen denn die Gäste machen?
Sie müssen wohl trotz Ärger lachen.
Wenn dann das Mahl beendet ist,
So troll dich, falls gewitzt du bist.
Verschnaufe, achte auf die Taschen,
Versorg dich auch mit vollen Flaschen.
So bist du andrer Arbeit ledig,
Wegräumen darf der Herr dann gnädig.
Der weiß, wo alles hingehört,

Ungeschickt ging in die Kirche, stieß die Heiligen um.

Hüte dich vor großer Arbeit und schmalem Imbiß!

Du weißt es nicht, machst es verkehrt.
Auch darf er über dich nicht klagen,
Du hast die Speise aufgetragen
Und ausgeharrt bei ihrem Zechen,
Nun will dein Magen sich grob rächen,
Der knurre, zwicke immerzu,
Ein andrer drum die Arbeit tu.
Und will er nicht zufrieden sein,
Auf Treiberei laß dich nicht ein.
Denn sollst du alle Tische räumen,
Darfst du dein Wohl auch nicht versäumen
Bar jeder Sorgfalt trag sie weg,
Laß falln die Sachen in den Dreck,
Wirf sie in jeden Winkel rein,
Wozu soll große Ordnung sein?
So dient es auch zum guten Zweck,
Wenn du viel trägst auf einmal weg,
Daß du nicht oft mußt wiederkommen,
Weil wenig du nur hast genommen.
Mach auch gemächlich und sei träg,
So du dann gehst den nächsten Weg.
Nimm gleich auf einmal alle Dinge,
Was auch dein Herr sag oder singe.
Warum viel laufen hin und her,
Wenn einmal es zu tragen wär?
Und wenn dir dann wegruscht der Plunder,
Was soll schon sein – war es ein Wunder?
Es war für dich einfach zu schwer;
Und wenn auch einer größer wär,
Er hätt es dennoch kaum getragen –
So mußt du deinen Grund dann sagen.
Was du also verschüttet hast,

Hast genug gedient.

Das Unterste zu oberst

Wer wohl auflädt, lädt auch wohl ab.

Mußt du nicht wegkehrn voller Hast;
Es sei denn, daß dich's jemand heiß,
Der Grobianer-Sitten weiß.
Steh fein dabei und sieh es an,
Tritt drauf und gib den Teufel dran,
Lach nur dazu, bar jeder Qual,
Als wär es gut so und normal.
Spricht man zu dir: Heb's auf, du Rübe,
So stell dich traurig, blicke trübe,
Als tät es dir von Herzen leid,
Zeig Reu, gib folgenden Bescheid:
Daß du es zueinander legst
Und schließlich auch nach draußen trägst.
Doch laß den Rest nur ruhig liegen,
Daß andre ihn danach wegtrügen.
Hältst du dich so geschickt mit Sinnen,
Wird dich dein Herr bald liebgewinnen.
Und wenn die Gäste alle lachen
Wohl über deine groben Sachen,
So kannst du es noch derber machen.

So springt es dir nicht unter die Augen.

Einfältig wie eine Zwiebel, hat neun Häute.

DAS VIERTE KAPITEL

Von auserlesener Höflichkeit, von Aufnesteln, Servieren und anderen lieblichen Gebärden

Es ist Zeit, zu schwelgen.

Dein Bauch nun endlich Schmaus begehrt,
  Denn Arbeit ist Belohnung wert.
Drum rüste dich und sei nicht zach,
  Du bist vom Fasten schon ganz schwach.

Ein Bauch wie eine Kuh.

Setz dich zu Tisch, steht Essen drauf,
  Und knöpf zuvor die Jacke auf;
Laß deinem Bauch nur freien Gang,
  Daß er sich ausstreck breit und lang
Und guten Raum hab ganz nach Willen,
  Daß du viel Speise rein kannst füllen.

Knöpf dich auf.

Doch bist du eingeschnürt mit Macht
  Und dir der Bauch wächst, daß es kracht,
So nestel dich nicht auf leger,
  Weil das zu grob, unzüchtig wär:
Allein, wo es notwendig sei
  Den Gästen auch, da mach dich frei.
Wenn du zu Tisch gehst, bitte sehr,

Begib dich zu Tisch wie ein Pfeiffer ins Wirtshaus.

  Die Hände wasche nimmermehr,
Du mußt sie sonst erst trocknen wieder,
  Dieweil setzt sich ein andrer nieder,
Gewinnt den Platz an deiner Statt,
  So kannst du schwerlich werden satt.

Ein Aufträger für die Säue

Auch sollen alle meine Kinder
  Nägel tragen wie die Schinder:
Denn unsre Regel kann nicht leiden,

Wüste Nägel abzuschneiden –
Lange Nägel, große Ehre,
Wie ich von fernen Landen höre.
So findet man auch edle Vögel,
Die haben lange krumme Nägel,
Sind trotzdem großen Herren wert,
Von Kaisern, Königen begehrt.
Will Platz ein anderer auch nehmen,
So soll er sich nach dir bequemen,
Daß du allzeit sitzt obenan,
Geachtet wirst als weiser Mann.
Kümmre dich um keines Stand,
Herkunft, Reichtum oder Land.
Und setz dich nieder wie ein Mann,
Ein jeder sitze, wo er kann,
Und ob er auch ein Prior wär,
Sprich: Hier sind viele Sessel leer.
Sagt jemand: Setz dich unten dran,
So frag ihn: Was geht dich das an?
Gedenke, setzt man dich zurück,
Der großen Schande Stück für Stück.
Sprich: Lieber Freund, hier will ich bleiben,
Laß mich nicht mal vom Papst vertreiben.
Warum sollt einem ich denn weichen?
Ist er doch eben meinesgleichen.
Wir sind von einem Vater gleich,
Ob wir nun arm sind oder reich,
Und sind gemacht aus Staub und Erd,
Ist ein Gesell des andern wert.
Drum laßt uns beieinander bleiben,
Ich will auch euch ja nicht vertreiben.
Doch bist du wohl zu spät gekommen,

Wenn man keine Leute hat, setzt man Kälber auf die Bänke.

Tarde venientes, male sedentes.

Ut dici solet. Er wiche dem Papst nicht.

Nos poma natamus.

Trete keiner den anderen.

Es heißt, erst essen, dann spielen.

Ein andrer hat schon Platz genommen,
So steh nicht vor dem Tisch mit Gaffen,
Du hast wohl Besseres zu schaffen:
Bedenk, daß sitzen besser sei
Als rumzustehen frank und frei.
Sprich: Auf, mein Freund, gib mir die Ehr,
Räum meinen Stuhl, setz dich hierher.
Ist er an Kräften dir nicht gleich,
Wird er drauf sehen, daß er weich:
Will er jedoch da sitzenbleiben,
So mußt du ihn mit Macht vertreiben.
Wirf ihn mit Schwung von seiner Bank,
Das ist ein guter Tafel-Schwank.

Maiori cede, minorem trude pede.

Schon Cato lehrte eindrucksvoll,
Daß man dem Größren weichen soll.
So setz dich dann an seiner Statt,
Sorg nicht, wo er zu essen hat.

Stumpfes Messerlein

Und rühm die Tat mit großer Freude,
Zieh dann dein Messer aus der Scheide,
Das stumpf und schartig, rostig sei,
Wie ehrbarn Leuten es steht frei.
Klebt Rest von Brot dann noch daran,
So fang ein frohes Wetzen an.
Den groben Bauernschuh zieh aus

Wetzstein

Und mach dir einen Wetzstein draus,
Kehr ihn fein um und spuck darauf,
Und wetz das Schindermesser drauf;
So wird er denn gar hell erblitzen
Und blenden alle, die da sitzen.

Bleib bei dieser Meinung.

Gefällt das auch nicht jedem Gauch,
So sprich: Hör zu, das ist mein Brauch,
Mein Messer ist ja sonst nichts wert,

Was soll mir wohl ein stumpfes Schwert?
Sobald du läßt von deinem Schleifen,
Sollst du sogleich zur Platte greifen
Und runternehmen ohne Zier
Das Beste, was sie bietet dir,
Daß nicht ein andrer greife zu,
Die Beute in sein Loch reintu.
Denn dieser Brauch dir nützlich ist
Bei allem Zechen, wo du bist,
Dient Bauch und Magen jederzeit,
Bei Tisch sei ständig griffbereit.
Will dich drum jemand krumm ansehen
Und meint, es sollte nicht geschehen,
So sprich: Ei ja, mein lieber Kunde,
Schau du getrost nach deinem Munde.
Jeder gönnt sich selbst das Beste,
Was reizen mich deshalb die Reste?
Habt ihr doch Hände grad wie ich,
Was müßt ihr da vexieren mich?
Und lenk sie ab mit einem Schwank,
So wird für sie die Zeit nicht lang.
Wenn nun ein Stück weit von dir läge
Und andre wären gar zu träge,
Daß niemand es dir reichen wollte,
Wie billig es dir ziemen sollte,
So greif hinüber nach dem Orte,
Da solches liegt, mach nicht viel Worte,
Schneid dir ein gutes Stück herunter
Und führe es zum Loche munter,
Schlemm es mit Lust herab und frage,
Wer endlich Gutes dir zutrage,
Ob man dich hielte nicht für gut,

Laß die Hände nicht ruhen.

Ins Loch fahren

Übersehen ist auch ein Spiel.

Lange arm und selten reich.

Es dir vielleicht nicht gönnen tut?
Auch sollst du diesen Fund besehen,
Die Platte langsam zu dir drehen,
Bekommt dem Maul wohl ungeheuer.
Erzähle dann ein Abenteuer
Sag, wie des Himmels Lauf umgehe,
Wie es um die Planeten stehe,
Wie wunderlich die Zeichen stünden,
Was Sterne, Sonne, Mond verkünden,
Wie jedes seinen Umlauf hat
Gleich wie im Haus die Speisen-Platt
(Davon wird dir dein Magen satt).
Eh sie aus ihrer Trägheit kommen,
Hast deinen Teil du weggenommen
Und deinen Nutzen dir geschafft
Mit Hilfe der Planeten Kraft.

Grobianer sind auch Leute, sind aber nicht Leute wie andere.

Du sollst auch diesen Punkt noch wissen:
Gibt man dir einen guten Bissen,
Den dir ein naher Freund mag senden,
So schnapp danach mit beiden Händen,
Gib deinem Nachbarn nichts von ab,
Schluck es den Kragen schnell hinab:
Sag ihm kein Dankeschön darum,
Empfange es statt dessen stumm:
Wenn er auch ist ein Ehrenmann,
Dir bietet seine Hilfe an,
So sprich: Ich kann darauf verzichten,
Weiß meine Speise selbst zu richten:
Bin nicht bedürftig wie ein Kind,
Dem man das Fleisch zuteilt geschwind.
Gibst zweimal du derart Bescheid,
Tust keinem du gewiß mehr leid.

Solche Kerle sind weder zu sieden noch zu braten.

Dann nimm selbst, was dein Herz begehrt,
So wird die Platte schnell geleert.
Wühl in den vielen Speisen prompt, *Porco*
Bis daß du findest, was dir frommt; *tedesco.*
Damit bestimmst du völlig frei,
Was dir gesund zu essen sei.
Das Auge uns gar oft bescheißt,
Es ist nicht alles Gold, was gleißt.
Denn bald getäuscht durch äußren Schein,
Muß mancher lange krank wohl sein.
Drum achte, was dein Aug bekundet,
Daß es auch deiner Zunge mundet.
Schmeckt es dir wohl und ist fein saftig, *Schlecker-*
Gedämpft, gewürzt und schleckerhaftig, *mäulchen,*
So will ich keine Regel setzen, *Schweine-*
brätlein
Wie du die Zähn sollst damit wetzen
Und hurtig es hinunterschlingen, *Räum auf,*
Daß andre es nicht vor dir zwingen. *friß hurtig.*
Hast du dir etwas mal genommen,
Was gar nicht wohl dir will bekommen,
So folge ruhig diesem Satze:
Wirf's in die Schüssel, daß es schmatze.
Denn was dir nicht gut schmeckt im Mund,
Ist auch dem Magen nicht gesund.
Behalt das Fleisch auch in den Händen,
Beknabber es an allen Enden:
Hast du genug und bist du satt,
So wirf es wieder auf die Platt;
Da nähm's ein andrer, wenn er wollte,
Der sich damit genüßlich trollte.
Oder leg dem nächsten Gast,
Wovon du schon gegessen hast,

Woran du nagtest wie ein Hund,
  Nur vor und sprich: Das ist gesund,
  Ich spar es ab von meinem Mund;
Das gäb kein Hund der Mutter auch.
  Dann leg's ihm vor nach grobem Brauch:
Da wird er große Freude haben
  Und sich mit Lust an dem erlaben,
Was du von deinem Maul brachst ab,
  Daß er sein Teil auch von dir hab.
Die Güte hat er schnell gemerkt,
  Die Freundschaft zu dir ist gestärkt,
Daß du mit ihm geteilt das Essen,
  Das wird er nicht so bald vergessen.

Sauf aus, Stallbruder.

Des Trinkens halber folge mir,
  Ein volles Glas hab stets bei dir,
Daß du nicht kommst zu kurz beim Trinken
  Und durstig mußt in Ohnmacht sinken.
Und leid nicht, daß der Nebenmann
  Aus deinem Glas mit trinken kann:
Denn wenn du mit ihm teilst den Wein,
  So handelst du dir Mangel ein.
Leer weidlich aus, genieß das Naß,
  Den Rest schütt in das Essigfaß.
Und sind die andern ohne Wein,
  So sprich: Laßt euch doch schenken ein.
Und nimm allzeit den Ausschank wahr,
  Reich stets zuerst den Becher dar.
Denn das steht fest, es gelte drum:
  Natur verabscheut Vakuum.
Du hast zu guter Zucht gehört,
  Was ich dich oben hab gelehrt:

Mach dem Herzen Luft.

Hast du nun von der ersten Tracht

Den Bauch gefüllt und eng gemacht,
So gib aufs Wohlbefinden acht
Und knöpfe dich in Ruhe auf;
Kommt weiter Gutes, spitz dich drauf,
Daß du ertappst die besten Sachen
(Wie Katzen es mit Mäusen machen): *Tummel dich, Naschmaul.*
Gebratnes, Gallert, gute Fladen
Mögen deinem Bauch nicht schaden,
Wenn man dich hat zu Gast geladen.
Bringt man daher dann Marzipan,
So greife es als erster an
Und labe dich ganz nach Gebühr,
Verschling, was reichte sonst für vier.
Bringt jemand Torten und Gebäck,
Fahr drüber hin und wisch sie weg.
Dünkt einen das als Unvernunft,
Sprich: Lieber, ich bin in der Zunft:
Wir Grobianer haben Macht,
Wir achten nicht auf Glanz und Pracht. *Grobianer haben ein Siegel im Hemd.*
Wollt ihr viel prahlen und hofieren,
Will ich dieweil die Gurgel schmieren:
Auch pflaume sie gar weidlich an,
Daß jeder mit dir lachen kann.
Und sollte was besonders schmecken,
Mußt viel du in die Ärmel stecken *Ut in convivio quodam Luciani.*
Und diese spicken voller Lust,
Tust du es nicht, ist's dein Verlust.
Doch magst du wohl daneben sagen:
Ach Herr, laß mich's nur mit mir tragen,
Daß ich auch morgen denk daran,
Wie du uns hast so wohlgetan.
Das wird ihm wohl gefallen sehr,

Drum läd er dich bald wieder her.
So halte dich nach deinem Brauch
Und bringe mit Gesellen auch,
Die saufen können wie ein Schlauch.

Die Zahnlöcher polke leer.

So dir etwas geblieben ist
Im Maule stecken: Wo du bist,
So nimm ein Messer, polk herum
Im Munde nur, das ist nicht dumm.

Krokodil

Hör zu: Was tut ein Krokodil,
Wenn es den Rachen säubern will?
Dann sperrt es auf mit kluger List
Den Hals, der ohne Zunge ist,

τροχίλος sive regulus

So macht ihm dann ein Vöglein klein
Den Rachen sauber, schön und rein.
Das ist der Krokodile Art,
Dir sei das Vöglein wohl erspart,
Mußt niemandem das Maul aufsperren,
Kannst selbst dir alles wohl rauszerren.

Ist den Zähnen gesund

Nimm nur ein Messer, so hilf dir:
Was andres brauchst du nicht dafür,
Brauchst keinen großen Knochen gar,
Der sperrig ist und bringt Gefahr:
Lange Nägel solln dir dienen,
Die Reste aus dem Maul zu priemen.
Hast du sie raus, dann sei so frei,
Betrachte offen, was es sei,

Eine schöne Tischzucht.

Und fahre wieder in den Mund,
Das tut dir wohl und ist gesund.
Damit dir Schaden nicht stoß zu,
Nimm schnell das Messer, hör in Ruh,

Quotidianus Grobianorum mos.

Mit dem du grad gestochert hast,
Führ es zur Tafel ohne Rast

(Wisch aber vorher bloß nichts weg),
  Dem Nachbarn gib's zu seinem Zweck,
Damit er auch kann Anteil haben
  An dem, was deine Zähne gaben:
Das ist ein edles Tafelstück,
  Damit bekommst du Gunst und Glück.
Und jeder Mann, der dich nur sieht,
  Ist dich zu loben drum bemüht.
Man findet auch viel andre Brüder,
  Die, wenn sie Stullen schneiden nieder,
Die Messer vorher sauber wischen,
  Schmeckten sie nach Fleisch, nach Fischen,
Damit untadlig sei das Brot;
  In unserm Orden tut's nicht not.
Das Messer wisch am Brot nur ab,
  So kommt umsonst das Schmalz herab.
Ein weitres Stück will ich dir schreiben,
  Das sollst du in Gesellschaft treiben.
Wenn es auch knöllisch scheinen tut,
  So ist es für den Magen gut.
Wenn etwas fein die Platte ziert,
  Wonach dein Herz Verlangen spürt,
So drück die Nase, eins, zwei, drei,
  Bis dir die Hand voll Schnodder sei,
Und schleudre ihn mit viel Verstand
  Zu einem Haufen auf die Hand.
Dann schmettre diesen auf die Platt,
  Daß deinem Ziel es komm zustatt.
Magst dich auch stellen voller Grollen,
  Als hättest du das gar nicht wollen.
So schreckst du schnell die andren ab,
  Daß keiner Lust zu essen hab,

Das Brot beschmieren

Ein Meisterstück an Unflat

Das brauchen die Grobianer sehr, wenn sie Wecken essen und Milch trinken.

Und ganz allein dir bleibt die Fracht
Dadurch, daß Unflat du gemacht.
Eulenspiegels Kunststücke eins
Von Eulenspiegel steht geschrieben,
Der hätte solches auch getrieben,
Den jedermann hält hoch und wert
Und dessen Buch ist sehr begehrt,
Den alle Philosophen loben,
Magst seine Regel auch erproben.
Versuch es auch mit andren Stücken
(Mit Pfeffer mag's dir ähnlich glücken),
Womit die Leute man vertreibt,
Auf einem vollen Bauch steht ein fröhliches Haupt.
Daß niemand bei der Tafel bleibt.
Muß ich dir auch die Zeit vorschreiben,
Wie lange du bei Tisch sollst bleiben?
Da braucht es keine Regel für,
Du weißt schon selbst zu helfen dir.
Behalte im Gedächtnis bloß:
Bist endlich du den Hunger los,
Ist dir der Bauch gespannt, gedehnt,
Daß er zu platzen dir schon wähnt,
Dann solltest du die Segel streichen,
In Bälde von der Tafel weichen.
Rülpsen, furzen, speien viel, hörn Säue lieber als Saitenspiel.
Und laß auch Rülpser von dir gehen.
Die deinem Rufe wohl anstehen.
Ich sollt dich weitre Stücke lehren,
Die zu dem Imbiß wohl gehören,
Jedoch will ich sie steuern zu,
Wenn ich vom Nachtmahl reden tu,
Dieweil schlaf du in guter Ruh.

DAS FÜNFTE KAPITEL

Von Schlafen, Spazierengehen, Jungfrauen-Dienst, Reverenz und anderer Holdseligkeit

Wenn du nun also kropfvoll bist,
Sei ohne Sorg und faul wie Mist.
Laß dich nicht deines Orts vertreiben,
Fein auf dem Tisch sollst liegenbleiben.
So kann man ja den Tisch nicht decken
Und muß zum Essen dich dann wecken.
Auch streck dich auf die Bank zur Rast,
Auf der du erst gesessen hast,
Dein Mahl verzehrt mit frohem Mut,
Darauf zu schlafen tut dir gut:
Da ruh dann sanft und lieg fein still,
Bis daß das Nachtmahl kommen will.
Im Schlaf laß Fürze fein nur stieben,
So wird das ganze Haus dich lieben.
Wollt jemand dich jedoch drum strafen,
Daß du gemacht Rumor beim Schlafen,
So sprich: Es will mir ja nicht glücken,
Die Fürze strikt zu unterdrücken.
Drum fahren laß, was nicht will bleiben,
Den Unflat mußt du von dir treiben.
Und laß noch weitere im Nu,
Daß er die Nase sich halt zu.
Dient der Gestank dem Herrn doch eben;
Er braucht kein Geld für Kerzen geben.
Steht dir nach Schlafen nicht der Sinn,

Sorglos mußt du geschlafen haben.

Strecke alle viere von dir.

Furze wie ein Weingarten-esel.

Laß fahren, was nicht bleiben will.

Pflastertreter

So geh spazieren fürderhin.
Durchstreif die Stadt, geh hin und wider,
Die Gasse rauf, die andre nieder,
So sehen dich das Pflaster treten,
Die gerne dich gesehen hätten.
Neue Zeitung und Märchenerzähler sind gemeinhin Lügenbolde.
Und hör, was neue Zeitung sei,
Setz auch hinzu, erzähle frei,
Das ist in unsrem Orden Sitt,
Wir schreiben keine Chronik nit.
So magst du dann auf solche Weise
Verdaun die eingenommne Speise.
Und wenn du schließlich kommst nach Haus,
So sag das neu Geschrei heraus.
Ineptus, insulsus.
Gib niemand Segen, wasch nicht die Hände,
Setz dich sodann ans obre Ende.
Und sind die Schuhe auch voll Modder,
So gräm dich nicht ob diesem Kodder,
Wenn die Hähne krähen, schlag die Schuhe zusammen etc.
Was sollst du wischen ihn wohl weg,
Bald ziehst du wieder in den Dreck,
Beschmierst die Schuhe nach wie vor,
Vergeblich schuftet nur ein Tor.
Kommst du hinaus dann auf die Gaß,
Singe mit langen Noten
Spei kräftig, denn so wird dir baß;
Und will die Speise aus dem Kragen,
So wirf den Plunder aus dem Magen,
Drückt er zu schwer ihn und zu stark,
Ist's mitten auch auf eurem Markt
Und sehr viel Volk um dich her steht,
Wirf aus, was gern von selbst schon geht.
Antonius war auch ein Grobianer.
Antonius hat dies geübt
Und damit nicht das Volk betrübt,
Der Bürgermeister war zu Rom

(Was uns zum Guten dienet schon),
Als Rom wohl war die stärkste Stadt,
Dergleichen jetzt die Welt nicht hat.
Denk, wieviel du geringer bist,
Als dieser einst gewesen ist;
Was solchem Herrn hat angestanden,
Das ziemt auch dir in diesen Landen.
Auch raten die Doktoren alle
(Und stimmen zu in diesem Falle),
Daß zur Gesundheit dienlich ist,
Zu brechen alle Monatsfrist
Einmal zumindest: Merk dir nun,
Des Guten nicht zuviel kannst tun.
Was dünkt dich? Was dir helfen mag,
Wenn du zwei-, dreimal wohl pro Tag
Flugs ausspeist deinen dicken Kodder,
Kein Doktor hilft dir von dem Schnodder.
Und wenn dir dann nach Brunzen ist,
Da du grad in der Gasse bist,
So leer die Blase aus und steh,
Acht nicht, wer auch vorübergeh,
Ob's Mädchen sind, vielleicht auch Fraun,
Heiß fortgehn, wer nicht zu will schaun,
Und gieß 'ne lange Lache her,
Als wenn's des Müllers Esel wär.
Man soll ja preisen Zucht und Ehr,
Gesundheit aber allzeit mehr.
Der Leib wird krank sonst einem Mann,
Daß ihm kein Arzt mehr helfen kann.
Bist du gesund, so bleib dabei
Und frage nicht, was schicklich sei.
Ins Höslein brunz zuweil dazu,

Roma caput mundi.

Unsere Grobianer folgen diesem Rat alle Tage einmal oder zweimal.

Vernünftige Kerlchen, sind züchtig wie des Meiers Sau.

So gehst du feucht.

Daß es hinabrenn in die Schuh,
Daß dann die Schneider dran ersticken,
Wenn sie dir solln die Hose flicken,
Und alle sprechen: Pfui dir, huch!
Was ist das wohl für ein Geruch?
Den Rock laß auch hinunterlappen,
Desgleichen Mantel und auch Kappen,
Daß sie dich ja nicht störn im Gang,
Wenn dir das Kleid sonst wär zu lang:
Es deckten dich mit rechtem Fug
Hose, Wams wohl gut genug;
Und zeig vor manchem schönen Weib
Den jungen graden, stolzen Leib.
So sehen schöne Töchter dich:
Ein junger Mann soll zeigen sich.
Wer auf der Gasse dich anspricht
Und dich gar grüßt, dem antwort nicht
Und laß ihn stehn, gleich wie er wöll,
Wie fein und freundlich er sich stell.
Sollst niemals erstlich jemand grüßen,
Fielst über ihn du auch mit Füßen,
Und sieh ihn an nur wie 'nen Stier,
Wirf böse Blicke auf ihn schier
Und schweige still, gleich wie ein Stein,
Mit niemand mache dich gemein:
Daß man dich nicht gering erachte
Und jeder Bauer dir zulachte.
Dadurch verlörst du deine Pracht,
Und keiner hätte vor dir Acht.
Das laß beileibe nicht geschehn,
Bewahr den Stolz und dein Ansehn.
Man achtet ja als tapfren Mann,

Liederjahn geht zu den Leuten, solange man bei ihnen singt.

Grüße keinen, sind auch Bauern auf der Straße.

Wer sich ernsthaftig stellen kann.
Auch rat ich deiner Grobität, *Buhlherz*
Wenn vor dem Haus 'ne Jungfrau steht,
Du kennst sie, oder aber nit,
Tritt zu ihr ganz nach grober Sitt.
Magst, wenn du willst, ihr zeigen gar,
Dein ungepflegt und strähnig Haar,
Wie's länglich, feist und speckig sei, *Ad propositum, Stümpflein.*
Das steht dem ersten Anblick frei.
Schäm dich nur nicht und sei nicht sacht,
Fortuna lohnt dir deine Pracht.
Denn Zagen bringt kein schönes Weib, *Wer wagt, gewinnt, wer wagt, verliert.*
Drum wag den stolzen jungen Leib,
Biet deinen Dienst und brauch dich sehr,
So kommst du noch zu Gut und Ehr.
Und sag 'ne schöne Rede her.
Wie ihre Huld dein Herz begehr,
Mit vielen Floskeln, schönem Gruß,
Daß sie ob deiner lachen muß:
Dadurch du schon versichert bist,
Daß dir die Maid gewogen ist.
Drück unten sie und drück sie oben,
So wird die Jungfer dich bald loben.
Und sag ihr deine Wünsche gar,
Daß sie dein Wollen schnell erfahr.
Sag Zoten und auch harte Grumpen,
Und wirf's hinaus in ganzen Klumpen.
Und laß die Sauglock tapfer klingen
(Man hat jetzt Spaß an solchen Dingen,
Auch sind die Töchter so geworden *Das sei euch gesagt, ihr Töchter.*
Und gern im Grobianer-Orden,
Sie haben selber Lust dazu,

  Daß man sie grob anreden tu).
Willst Jungfraun du heut imponieren,
  So laß nur schnell das Disputieren
Von Weisheit und Philosophei,
  Und was die Lehre Platons sei;
Noch weniger gar folgt man jetzt
  Catos, Zenons streng Gesetz.
Komm du mit lockern Schwänken her,
  Durch die den Fraun zu helfen wär,
Wie Kyniker es einst beschrieben
  Und deren Sekte hat getrieben,
Wie das man treibt heut überall
  Mit Venus und der Liebesfall.
Drück ihr die Hände, scherz mit ihr,
  So überkommt sie Lust zu dir.
Und hast die Rede du getan
  Und meinest wohl, du solltest gahn,
So mußt du sie gar schön umfangen
  (Dazu hat sie ein groß Verlangen)
Und nehmen wohl in deinen Arm,
  Damit ihr Herz sich schnell erbarm:
Und gib ihr dann der Liebe Kuß;
  Wehrt sie sich und zeigt Überdruß,
So zieh sie mit Gewalt an dich.
  (Umfang sie, doch nicht züchtiglich.)
Küß ihre Backen stark und feucht,
  Bis daß ihr Widerstand entfleucht;
Flieht sie trotzdem, folg ihr in Eile,
  Umfange sie dann eine Weile,
Daß sie dir nicht entwischen kann,
  Und zeig ihr deine Liebe an.
Ruf nach dem Herrn und nach der Frau,

Es ist nicht ihre Sache.

Sie hat dich lieb, wenn sie dich nicht sieht, denkt sie, der Teufel habe dich geholt.

Amatores inepti, caeci et stupidi.

Daß jeder auf die Tochter schau,
Wie du mit ihr hast dein Vergnügen,
Das wird dem Wohlwolln dann genügen;
So wird der Herr zurichten lassen
Ein Festmahl, das dir dient zum Prassen,
Wird kühlen Wein, Konfekt servieren,
Die Tochter dir zur Seite führen,
Dir freundlich danken, daß du hast
Dich mit der Tochter wohl befaßt,
Und bitten, daß du unverhohlen
Dir oft magst frische Labung holen.
Desgleichen wird die Mutter so
Ob deiner Absicht werden froh,
Daß so ein starker Junggesell
Die schöne Tochter haben wöll,
Und sie dir geben an die Seit,
Die andern ward versagt lang Zeit.
Du sollst mit Recht es nutzen aus,
Steht eine Jungfrau vor dem Haus:
Drum werde ohne Zögern tätig
Mit Greifen, Tasten, stets unflätig
(Denn heutzutag acht niemand mehr
Auf Anstand oder Zucht und Ehr).
Alsbald die Hingab von ihr heisch
Und halte dich wie Katzenfleisch,
Das selber weiß, den Weg zu zeigen,
Ein Buhler nichts gewinnt mit Schweigen.
Grüßt eine dich, sei es drum eben,
Brauchst ihr ja keine Antwort geben.
Denn jede Jungfrau soll erst recht
Fein freundlich grüßen solchen Knecht,
Der zugehört deinem Geschlecht.

Ut solent in Gallia, sed aptiribus quam tali Grobiano.

Wird dir heimleuchten mit einer eichenen Kerze.

Deines hübschen Haars halber

Halte dich wie ein Draufgänger
.

Halte dich so wie eine Katze, die Töpfe zerbricht.

Gönne niemand das Maul.

Wenn auch die Weise bäurisch sei,
  So bleib doch stolz und frech dabei,
Halsstarrig, trotzig sei genug,
  Daß jeder gierig nach dir lug.
Wer dir begegnet auf den Straßen,
  Den sollst du ruhig ziehen lassen,
Ganz ohne Gruß und auch Bescheid,
  Bar jeder Zucht und Freundlichkeit,
Käm er auch gleich von Adel her,
  Ob er gar Bürgermeister wär
Und säß im Rat, säß zu Gericht
  Und gäb der Jugend Unterricht,
Sei Doktor er, gar Predikant,
  Ratgeber oder abgesandt
  Und wie die Herren sind benannt,
Die gute Lehr, Exempel geben
  Und führen ein vortrefflich Leben:
So gib beileib nicht Achtung drauf,
  Und laß dein Filzhütlein nur auf;
Denn willst du es oft runterraufen,
  Wie bald mußt du ein neues kaufen?
Und solche Hütlein sind nicht billig,
  Wer gäb dir etwas zu freiwillig?
Hüt also dich vorm Kappenrücken,
  Auch Neigen und Barettleinzücken.
Im Winter ist die Luft zu kalt,
  Auch bleibt dein Haar nicht wohlgestalt,
Ziehst du das Hütlein dann hernieder,
  Willst aufsetzen sogleich es wieder,
So kommen dann schon andre Herren,
  Du mußt erneut es runterzerren.
Wer ließ dem armen Hütlein Ruh?

Un gentil veau.

Dies ist der groben Leute Sentenz, sie erweisen niemand Reverenz.

Woher sollte der Tölpel ein anderes Filzhütlein nehmen?

Wer möchte wohl der Arbeit frönen?

Es wär verlorne Müh dazu,
Schau, ob man dir dergleichen tu.
Geh still vorüber und passier,
Daß dir dein Häuptlein nicht erfrier
(Darin du hast seltsame Mäus
Und obendrauf den Wald voll Läus).
Zugleich nimm unsern Stand in acht,
Ist jeder nicht aus Lehm gemacht?
Wer kann dem etwas setzen zu,
Ist er geschickter denn als du?
So stirbt denn täglich auch zugleich
Jung, alt, feist, mager, arm und reich.
Sprich: Wir sind Erde allzumal,
Was soll mir da die Standeswahl?
Drum will ich kein Gepränge treiben,
Ihr laßt mich doch wohl bei euch bleiben,
Denn Clotho nie ihr Werk verriet,
Atropos keinen übersieht,
Wenn sie den letzten Faden zieht;
Hat sie verschont auch je die Reichen?
Warum sollt jemand ich drum weichen?
Und breit dich aus, schränk dich nicht ein,
Nimm auch die halbe Gasse ein,
Und stoß dem andern in die Seite,
Sprich: Landsmann, suche schnell das Weite.
Du aber mache keinem Platz,
Und was du magst, tu ihm zum Trotz.
So du spazieren willst zuzeiten,
Mit Buben oder ehrnbarn Leuten,
Ob sie geschickter sind als du
Und haben Ehre, Geld dazu,

Schütze das grobe Häuptlein!

Das ist im Spaß geredet, niemand nimmt es ernst.

Clotho colum baiulat, Lachesis filat, Atropos occat.

Trasones nostri & elati milites.

Mit solchen (G)Esel(le)n ist gut spazierengehen.

Daß stets dich auch die Regel leite,
Geh allzeit auf der rechten Seite,
Der andere geh links daher,
Als wenn er gar dein Schüler wär.

Saubere Leute gehören an sauberen Ort.

Schickt es sich aber, daß ihr zwei
Nicht sauber kommt am Dreck vorbei,
So eile dich, mach nicht viel Worte
Und geh entlang am saubren Orte,
Laß ihn dafür im Dreck geduldig,
Das bist du deinem Schuhwerk schuldig.
Ein ander Mal paß er mehr auf:
Es ist kein Spiel ohn Vorteil drauf.

Räuspere dich, Furzhammel!

Drückt dich vielleicht der Bauch dermaßen,
Daß nötig du 'nen Schiß mußt lassen,
Der vorher deinen Leib gezwickt,
So hör, was sich in dem Fall schickt:
Es steht dir zu an jeder Statt,
Da dich das Weh getroffen hat:

Au diable soit le vilain.

Laß fahrn den Furz mit lautem Schalle,
So lachen wohl die Nachbarn alle,
Auch das Gesinde schaut heraus
Und denkt, Trompeter sind vorm Haus.
Befrei dein Herz mit frohem Mut,
Das schafft ihm Luft und tut ihm gut,
Es sei ein Dutzend oder mehr;
Und schilt im Haus dich jemand sehr,
Sprich: Landsmann, wer hat dich gelehrt,
Daß Furzen auf die Gaß gehört?
Ei, Lieber (sprich), friert's nicht vorm Haus?

Besser ein Unflätiger als ein Vernünftiger

Und: Besser Furz als Auge raus.
Sollt ich denn eines Fürzleins wegen
Erkälten mich und krank hinlegen?

Besser, dieser Dampf ist raus,
Als käm dem Doktor ich ins Haus.
Die Ärzte selber allgemein
Warnen vor dem Furz allein,
Verhält man ihn im Bauch mit Zwang
Und sperrt ihn ein mit hartem Drang;
Denn Krankheit kommt von solchem Dampf,
Bauchgrimmen, Schwindel und gar Krampf,
Dazu wohl auch die Wassersucht,
Das leid ich nicht: Krankheit durch Zucht,
Will lieber grob sein und gesund
Als krank und höflich jede Stund.
Claudius mit Ernst verbietet,
Daß jemand einem Furz gebietet,
Im Leib sich lange einzumieten,
Daß keiner muß das Bett drum hüten.
Solch Wehrwort sollst du bald zitieren,
Willst jedermann du imponieren;
Ist es in deinem Kopf vorhanden,
Kommst nimmermehr du so zu Schanden
Und bleibst im Recht wohl mit Gewalt,
Gibst deiner Sache gut Gestalt.
Wenn du nun bei Gesellen bist
Und es beschloßne Sache ist,
Die Zeit in Kurzweil zu verbringen
Und damit Freunde zu erringen,
Wenn einer etwas will berichten,
Erzählen will schöne Geschichten
Von Fried und Einigkeit der Alten
Und wie sie Ordnung konnten halten,
Weil Tugend noch war lieb und wert,
Und jedermann das Wort begehrt,

Quatuor ex vento veniunt in ventre retento Spasmus, hydrops, colica, vertigo, quatuor ista.

Es muß allezeit dem Spaß ein Ende bereitet werden.

Damit die Zeit auch kürzer sei
  Und Nützliches käm raus dabei:
So schau, wenn er am besten ist,
  Daß du ihm stracks zuwider bist,
Und fall ihm in sein Wort mit Trutz,
  Sprich, daß sein Schwätzen sei nichts nutz,

Allem widerstehe!

Und sag das Gegenteil allzeit,
  Daß aus dem Frieden werde Streit.
Sprich: Halt dein Maul von alten Fabeln,
  Wir kennen sie, wie auch Parabeln,
Die Welt, die Bücher sind von voll.
  Du quatschst uns noch ganz taub und toll.
Was geht uns an der Alten Leben,
  Ich wollte keinen Knopf drum geben;
Da du von ihnen machst viel Wesen:
  Die Alten sind auch Narrn gewesen,
Das dünkt mich wohl, denn wir sind Toren,
  Wie sie als Gecken sind geboren.
Mich interessiert, was jetzt man tut,
  Da sprich uns von, das deucht mich gut.

Tractant fabrilia fabri.

Ein Alter spricht von alten Dingen,
  Wir wollen etwas Neues bringen.

Ein jeder Narr spricht von seinem Kolben.

Ein alter Wein macht uns wohl froh,
  Mit vielen Dingen ist's nicht so:
Kein altes Ei ich loben tu,
  Acht keinen alten Gaul dazu.

Witzige Reden der Grobianer

Laß uns von unsrem Handel sagen,
  Wie jeder füllen mag den Kragen
Und wir mit gutem Wein uns laben,
  Auch schöne Mägdlein bei uns haben:
Und breite aus viel Fabuleien,
  Wie dir die Töchter günstig seien,

Wie dir dein Buhle sei zu Willen,
Und sage weiter solche Grillen,
Viel Dinge, die Gelächter machen,
Und sei der erste stets mit Lachen,
Auch stimme an ein solch Geschrei,
Als platze dir der Bauch entzwei.
Mit traurigen und ernsten Sachen
Wirst keinen du wohl fröhlich machen.
Drum sag daher 'nen schalen Schwank,
Es lacht gewiß sich mancher krank.
Von schönen Mägdlein schweig nicht still,
Wie jede dich gern haben will.
So wirst du schnell sein auserkoren,
Denn ernste Reden sind verloren.
Wohlan, sag grobe Possen her,
Das ist der Burschen Hauptbegehr.
So strengt sich jeder an dabei,
Daß er der nächste bei dir sei.
Sollst grober Schwänke dich nicht schämen,
Denn wo sie auch zusammenkämen,
Zu Haus, im Gasthaus denn beim Zechen,
Hört man kein ernstlich Ding sie sprechen;
Wer aber knöllisch ist und grob
Und so verfährt, bekommt viel Lob.
Dann spricht man: Der kann Possen machen,
Daß drüber man sich schief muß lachen:
Und fühlen alle wohl sich mit,
Von solcher Grobheit lasse nit.
Denk, was der große Haufe tut,
Das sei ohn Zweifel recht und gut.
Und nimm allzeit den breiten Weg
(Zur Tugend führt ein schmaler Steg).

Grillus grillat. Die Elster läßt das Zwitschern nicht.

Eine Posse, aus der einer ein paar Stiefel macht.

Vanitas vanitatum & omnia vanitas.

Facilis descensus averni.

Es forderten ja auch die Alten,
  Sich nach gemeinem Brauch zu halten.
Si fueris Romae, Romano vivito more.
So tu nur, was die andern treiben,
  Dann kannst du bei den Leuten bleiben.
Ein guter Geselle – ein schlechter Kindesvater.
Du sollst mit ihnen fleißig toben,
  So werden dich die Schlecker loben.
Vertu mit ihnen auch dein Geld,
  So bist du lieb der jungen Welt.
Und Lügen misch zuweilen drein
  (Die Kost muß gut gewürzt auch sein).
Denn wer die faule Haut gern pflegt,
  Hat bald aufs Schwindeln sich gelegt.
Ars neminem inimicum habet, praeter ignorantem.
Kannst du dir aber nichts ausdenken,
  Sollst du mit Schimpfen sie dann kränken.
Willst du ihr Reden nicht begreifen,
  So lach es aus mit lautem Keifen
Und tadle es, verdreh die Sätze,
  Behaupte dich mit dem Geschwätze.

DAS SECHSTE KAPITEL

Von angemessener Einfalt, Wahl eines guten Platzes und von höflicher Antwort

Will die Sonne dann versinken,
Vernimm wohl deines Magens Winken;
Das Schwatzen ist ihm gut bekommen,
Nun aber will ihm Nachschub frommen:
Verdaut ist die verzehrte Speise,
Drum zieh nach Hause deine Kreise.
Schleich aber langsam in das Haus,
Ein feiner Vorteil wird dir draus:
Bist du nicht pünktlich zur Minute,
Kommt's deinem ganzen Leib zugute.
Ein andrer hat sich wohl bewegt
Und alles auf den Tisch gelegt,
So bist du vieler Müh entronnen,
Hast Freizeit auch dazu gewonnen.
Desgleichen tu stets mit Geschick,
Flieh vor der Arbeit, such dein Glück.
Der ist fürwahr ein weiser Mann,
Der harte Arbeit meiden kann.
So komm als letzter zu dem Feste,
Und wenn den Vater und die Gäste
Du ließest warten mit Geduld,
So zeige dich doch ohne Schuld.
Wohl keiner wird vermessen sich,
Das Mahl zu halten ohne dich,
Dieweil du auf Spaziertour bist,
Die Tischzeit dabei leicht vergißt.

Nach geschehener Arbeit ist gut feiern.

Man muß dir Arbeit nicht verbieten, du kannst dich selbst wohl davor hüten.

Tu nichts geheißen, viel weniger ungeheißen.

Ist nun der Tisch noch ungedeckt,
(Weil dir ja keine Arbeit schmeckt)
Und du doch weißt, die Zeit ist ran,
Daß er gerichtet sei alsdann,
So hilf doch ungeheißen nicht,
Stell dich einfältig wie ein Wicht.
Nichts bringt's, wenn du dich löblich hältst,

Stultitiam finxisse loco sapientia summa est.

Für klug und weise dich hinstellst,
Denn wenn etwas zu machen sei,
Mußt du der erste sein dabei.
Die Einfalt soll dir besser lohnen,
Denn sie wird dich allzeit verschonen.

Wie ein alter Wolf.

Zerbrich, zerwirf an allen Enden,
Wonach du greifst, schleif faul die Lenden.
Wenn dann der Herr sieht, wie dir's glückt
Und wie du bist so ungeschickt,

Wer haben will, daß es gelinge, der luge selbst nach seinem Dinge.

So wird er lieber selbst zupacken,
Eh daß er dich damit mag placken;
Wird denken, du bist ungeschickt,
Mit nichts belasten dich, was drückt,
Beauftragt andre in dem Haus,
Will's er nicht selber richten aus.

Stubenheinz, kehr die Äpfel um im Ofen.

So bleibst du hinterm Ofen sitzen,
Paßt auf, daß fein die Äpfel schwitzen;
Und hörst du dann ein feines Zischen,
Sollst du sie dir ins Maul reinwischen.
Es ist der ja für klug zu achten,
Der Nutzen weiß für sich zu pachten
Und Schaden von sich wenden kann.
Dagegen gibt es manchen Mann,

Wie der Pfau bei Äsop.

Der rühmt sein Gut und auch sein Geld,
Das oft den Räubern schnell zufällt.

Wer aber kann sein Gut verhehlen,
  Dem kann man's nicht so leichthin stehlen.
Desgleichen: Tugend, Tapferkeit
  Stürzt manchen starken Mann ins Leid,
Der sich des Tods nicht wehren mag,
  Noch leben könnte manchen Tag.
Zum Streite fordert man wohl heute
  Nur selten ungeschickte Leute.
Achill sprach wirr in Chirons Haus, *Achilles*
  So mußt er in den Krieg nicht raus,
Hielt lange Zeit den starken Leib
  Bedeckt mit Kleidern wie ein Weib.
Desgleichen: Kannst auch du etwas,
  Laß nur beileib nicht merken das:
So bleibst du wohl in Ruhe leben.
  Ich will dir ein Exempel geben:

Von einem jungen Grobianer, der nicht A sagen wollte, daß er nicht auch B lernen müßte.

Ein junger Grobianer lebte,
  Der streng nach unsern Regeln strebte,
Eh daß er witzig werden sollte,
  Das Abc nicht lernen wollte:
Er ließ es in ein Kerbholz tragen,
  Es half jedoch kein Streich noch Schlagen,
Und taten auch die Streiche weh,
  Er wollt nicht sagen A noch B.
Drum sprach ein Freund einmal ganz heiter:
  Sag nur mal A, das hilft schon weiter,
Und wollte ihn ganz tugendlich
  Fein überreden, daß er sich
Sollt wenden und wohl Lust gewinnen
  Zur Schrift: Jedoch er ward es innen.
Ja, sprach das feine Knäblein da,
  Ihr sagt zu mir: Sprich nur mal A.

Principiis obsta!

Sobald ich A gesagt dann je,
  Soll ich auch lernen B und C
Und muß viel Müh und Arbeit haben,
  Laß ich mich ein auf die Buchstaben.
Will mich's deshalb nicht unterwinden,
  Ihr werdet andre Leser finden.
Also hör zu, mein liebes Kind,
  Wie man mit List dich drum gewinnt,
Dich Handwerk und auch Kunst zu lehren;
  Drum sollst du dich gleich anfangs wehren,
Damit du nimmst den Spruch leicht an:
  Ein Nein zu sagen ziemt dem Mann.

Du mußt den Braten beizeiten schmecken.

Du müßtest sonst sehr schnell bemerken:
  Hast du was gut vollbracht beim Werken,
So nimmt das Fordern da kein Ende
  Und du mußt sein geschickt, behende,
Verdienst vielleicht nicht einmal Dank,
  Drum höre meinen nächsten Schwank.
Halt dich allzeit in solcher Weise,
  Daß man dich einen Esel heiße.

Große Arbeit macht kleine Kraft.

Die Arbeit laß dir gar nicht schmecken,
  Und wenn du sollst den Tisch eindecken,
So halte keine Ordnung nicht
  Und sei ein ungeschickter Wicht,
Leg nur nichts auf, man zeigt dir's denn,
  Verlang auch, daß man's deutlich nenn.
Die Teller laß an ihrer Statt,
  (Man ißt sich nicht an Tellern satt),

Es wird keiner einen Teller essen.

Nach Brot sie werden greifen wollen,
  Wenn sie die Kost einnehmen sollen.
Auch Stuhl und Bank trag nicht herzu,
  Damit sich niemand stoßen tu.

Bring ungewaschne Gläser rein,
In denen gestern schon war Wein.
Und hätte dir dein Herr befohlen,
Daß du im Keller Wein sollst holen,
So setz die Kanne an den Schlund,
Das Trinken ist ja sehr gesund,
Und sauf, solang du Atem hast,
Füll wieder nach und sei gefaßt,
Wisch's Maul, mach nicht viel Federlesen,
Und sprich, dir sei nicht wohl gewesen:
Merkt man dir dann die Posse an,
So schwör, du seist ein frommer Mann
Und habest niemals dran gedacht,
Daß einen Schluck du mehr gebracht,
Als in die Kanne geht mit Recht,
So stell dich dar als treuer Knecht.
Ich hab dich oben viel gelehrt,
Was zu der Zucht bei Tisch gehört
Und was du sollst für Sitten treiben,
Das laß dir im Gedächtnis bleiben
Und nimm dieselben Regeln wahr:
Denn unsre Lehr ist hell und klar.
Zudem sieht man viel arge Tröpfe,
Die haben solch geschwinde Köpfe,
Daß sie auch ohne großen Fleiß
Erringen den Grobianer-Preis.
Diese Regel laß dir frommen:
Wenn dein Herr hat Platz genommen,
Zur Tafel ruft das Hausgesinde,
So setz dich obenan geschwinde
Wohl hintern Tisch, allein daß man
Dich nicht heiß sitzen untenan.

Ist unschuldig wie Pilatus.

Einen Trunk mehr bringen, als in die Kanne geht.

Acutissima ingenia

Setze dich hinter den Tisch wie ein Prälat.

Denn wer sitzt unten an dem Tisch,
  Dem winkt man oft, daß er aufwisch;
Viel Pusselarbeit kommt ihn an,
  Daß er nicht ruhig essen kann:

Die armen Grobianer sollten bei Nacht davonlaufen.

Steh auf, Bub (spricht man), sei nicht faul,
  Da bleibt kaum Zeit fürs eigne Maul.
Auch: Bring hier Teller, dort gib Brot,
  Und: Hier tut Salz, dort Pfeffer not,
Hol diesen uns, hol jenen Wein.
  So muß er stets auf Trab dann sein,
Läuft wie ein Wollknäul schließlich prompt,
  Muß achten, wer zur Tür reinkommt:

Es ist kein Friede da.

Dem Hund, der bellt, öffnen das Tor,
  Den Fremden lassen außen vor.
Die Tür tu zu, es ist zu kalt,
  Jetzt ist es heiß, mußt öffnen bald.
Solche Dienste muß erbringen,
  Wer unten nur kann Platz erringen.
Drum setz nach oben dich, sei klug.
  So tust du nichts und frißt genug.

Du mußt essen, es gibt karge Kost.

Doch sollt's das Schicksal mit sich bringen,
  Der Vater dich zum Aufstehn zwingen,
Dein Herr dich heißen: Bring den Wein,
  Bewirte uns und schenke ein,
So sieh ihn widerborstig an,
  Und gib auch noch dein Maulwerk dran:
Muß man denn alles heißen mich,

Setze ihnen zu, bis sie es gefressen haben.

  Die andern sind so gut wie ich,
Sie sitzen da, bloß um zu ruhn,
  Und lassen mich die Arbeit tun.
Wohlan, in Teufels Namen auch,
  Ihr Mägde, hebt den faulen Bauch.

Wofür nehmt ihr denn euren Lohn,
  Wenn durch mein Tun ich euch verschon?
Hat Satan mich gebracht ins Haus,
  So führ er mich auch wieder raus,
Da keine gute Stund ich hab,
  Muß rackern mir den Schmerbauch ab.
Seid denn ihr Mägde hier, zu feiern?
  Eh sollte euch der Bader leiern,
Als ich wollt euer Fußtuch sein
  Und haben alle Müh und Pein
Und wollte meinen Gliedern schaden,
  Lieber will ich euch verladen.
So filze sie nur tapfer aus,
  Vielleicht wird dir der Herr im Haus
Dann geben einen bessern Platz
  Und dir vorlegen guten Schmatz
Und sprechen: Sieh, das ist dein Teil,
  Grob Hänslein, du bist mir wohlfeil,
Daß du so tapfer bist gewesen
  Und kräftig beim Levitenlesen.
Wär dein Herr jedoch verblend't
  Und spräche: Diene mir behend,
So rat ich dir, so gut ich's weiß,
  Folg nur in dem, was er dich heiß,
Daß er dich nicht zum Knüppel führ
  Und dir die faulen Lenden schmier:
Das täte mir für dich sehr leid,
  Denn grob zu sein hat den Bescheid,
Daß ich's für grobe Torheit halt,
  Den Stock zu suchen mit Gewalt.
Wie Tischdienst du zu leisten hast,
  Zeig ich dir später ohne Hast.

So hast du dich um nichts geredet.

Phryges non emendantur, nisi plagis.

Ermahnung, daß der gute (G) Esel(l) allzeit Johannes in eodem

Doch hab ich's dich gelehrt bereits:
  Entledige dich des Tageskleids,
So kannst geschwind umher du traben,
  Die Gäste mit dem Anblick laben,
Daß man wohl seh das Fähnlein hängen
  Und das Gesäß die Hose sprengen,
Wie Loch an Loch auf Knien prangt,
  Der Kodder auf den Stoff gelangt.
Willst also du Grobianer sein,
  So halte stets die Regeln ein,
Lern fleißig sie, vergiß auch keine,
  Seist du in Rotte, seist alleine,
Bei Gästen oder Freunden auch:
  Sei stets ein ungeschickter Schlauch.
So läßt man dich 'nen Tölpel bleiben,
  Wird dich nicht hin zur Arbeit treiben.
Und was du so gelernt im Haus,
  Das halte auch, wenn du gehst aus.
Denn was dir steht daheim wohl an,
  Kein Fremder das wohl schelten kann.

Bleib allzeit bei deiner Geige.

DAS SIEBENTE KAPITEL

Wie sich gegen die Gäste mit Begießen, Einnebeln, mit Weinmischen und Zutrinken zu halten ist

Du hast ausgiebig nun gehört,
Wie ich dich treulich hab gelehrt,
Im Haus höfliche Zucht zu treiben;
Auf solcher Meinung sollst du bleiben,
Auch wenn dein Herr einladen sollte
Die Freunde, weil er feiern wollte.
Doch will ich alles in der Summ
Dir repetieren wiederum.
Was du nicht weißt, das lernst du wieder; *Ein feines Knäblein*
Was du aufträgst, stell so es nieder,
Daß du das Tuch, den Tisch beklierst,
Die Gäste ringsherum beschmierst;
Und halte es für einen Spaß, *Mache die Gäste fröhlich.*
Hast du 'nem Gast gegossen naß
Sein Seiden- oder Sammetkleid,
Das wird wohl allen bringen Freud,
Daß jeder wollt, ihm wär's geschehn,
Daß er sein Kleid bespritzt mag sehn,
Weil solche Brüh gewürzet sei
Mit guter teurer Spezerei
Und der Geruch lang drinnen bleibt,
Wenn man's mit Kraft ins Kleid einreibt.
Dabei der lang des Orts gedenkt, *Im Guten oder Bösen*
Dem wurde so das Kleid besprengt.
Sieh sie dann alle ringsum an,

Ob jemand hab Gefallen dran,
Magno cachinno. Mit einem hölzernen Gelächter.
Ob er dazu wohl schmunzeln tu,
So heb du an und lach dazu,
Ha, ha, he he, nach Bauern Sitt,
So lachen alle Gäste mit
Und loben bald den guten Schwank
Und sagen dir der Hofzucht Dank.
Sollt's aber wem gefallen nicht
Grobianer verantworten alle Dinge also.
Und Ärger stünd ihm im Gesicht,
So sprich: Was haderst du mit mir?
Ich wollt es nicht, das schwör ich dir.
So muß er es wohl lassen bleiben
Und kann dir keinen Feindbrief schreiben;
Laß ruhig ihn vor Unmut schnaufen,
Du wirst kein neues Kleid ihm kaufen.
Siehe nur auf anderer Leute Mäuler.
Hernach sollst du vorm Tisch dann stehen
Und lugen, wie die Mäuler gehen,
Wer sich mit Essen da nicht zäume
Und wer die Platten sauberräume,
Wer weidlich hin zum Loche fahre
Und wer auch nicht mit Trinken spare,
Daß alle merken dein Benehmen,
So wird ein jeder sich dann schämen
Und nicht mehr oft das Glas ausleeren,
Vom Essen nicht mehr viel begehren.
Wenn du so allen stehst entgegen,
So kommt es deinem Herrn gelegen:
Die Gäste enden schnell den Schmaus,
Den Hunger stillen sie zu Haus.
Schändliche Reden verderben gute Sitten.
Und säßen Weiber da, Jungfrauen
Bei Tische auch, so sollst du schauen,
Bring grobe Zoten auf die Bahn

Und sieh nicht Stand noch Alter an,
Tu nur und red, was dir gefalle,
Wenn auch die andern schelten alle:
Ist nur in deinem Sinn es züchtig,
Hast du dein Amt betrieben richtig.
Und wenn sich jemand hören ließe,
Dich was zu tun, zu schaffen hieße,
Der doch nicht wär dein Herr im Haus,
So halte mit ihm solchen Strauß:
Wie, sprich, bin ich bereits dein Knecht,
Daß du gebietest mir so schlecht?
Gibst du mir etwa Speise, Lohn,
Daß ich dein Diener wäre schon?
Wenn du viel auszurichten hast,
So tu es selbst, mein lieber Gast.
Wenn es jedoch dein Meister wär,
Dein Vater oder sonst ein Herr,
So sollst du solche Worte meiden,
Sprich: Ja, ich tu es, sei bescheiden,
Sei langsam, wie Faulhänslein tut
(Aus Eil erwuchs noch nie ein Gut),
Daß du behältst die Worte alle
Und dir im Laufen nichts entfalle.
Doch blicke allzeit sauer zu,
Daß jedermann wohl merken tu
An deinem krumm gezognen Maul,
Daß du zur Arbeit bist zu faul.
Und wenn man nun ein Licht anmacht,
Frag nicht, ob es vertreibt die Nacht;
Auch wenn der Docht zu lang möcht sein,
Daß von dem Licht käm blakend Schein,
So schneid ihn dennoch nimmer ab,

Tue für Fremde nichts, so du für deinen eigenen Herrn nicht viel tust.

Mach dir deinen Kram allein.

Es wär nötiger, dich zu putzen als das Licht.

Die Knebel haben auf nichts acht und tun, als hörten sie nichts.

Bis man es dich geheißen hab.
Lösch fleißig, wenn man essen soll,
Das Licht aus, das bringt keinen Groll,
Und blas daran erst möglichst lange,
Mach viel Gestank, sei nur nicht bange.

Bringe Rauch in den Saustall.

Es ist ein guter, edler Rauch,
Er ziert den Grobianer auch.
Doch willst das Licht du löschen nicht,
Aus Furcht vor deines Herrn Gericht,

Der Herr möchte dir dein Licht auch auslöschen.

Sollst du also mit ihm umgehen:
Den abgebrannten Rest laß stehen,
So schwelt der Docht noch manche Zeit,
Macht viel Gestank auch weit und breit,
Dem ganzen Haus gar angenehm
Und schwangren Frauen sehr bequem.
Spricht jemand, daß solch stinkend Ding
Den Schwangren großen Schaden bring,

Dann sollten Faust und Maul ein Ding sein.

So stehe da, antworte drauf,
Und nimm die Unwahrheit in Kauf,
Sprich: Plinius, der hätt gelogen
Und so die Leute arg betrogen,
Als er dem Rauch schrieb zu Verderben,
Weil der das Kind im Leib ließ sterben.

Grobianer müssen zu allem fluchen.

Das alles wärn erlogne Grillen,
So recht nach der Franzosen Willen.
Denn wer wohl wollt es Plinius sagen,
Wie Weiber sollten Kinder tragen,
Der selbst sein Lebtag keines trug,
Das sei als Antwort dann genug;
So meint man, du hast wohl studiert,
Hast viele Bücher visitiert.
So nimm den eklen Docht in Schutz,

Bringt deiner Grobität er Nutz.
Auch mußt gar wohl du daran denken,
Wenn du den Gästen ein sollst schenken,
So schenk die Gläser derart voll,
Daß jedes überlaufen soll;
Dann setze es halbvoll hernieder,
Damit du es mußt füllen wieder,
So machst du aus der Arbeit zwei
Und bist für anderes nicht frei.
Hast du dann jemanden bespritzt,
Der mit an dieser Tafel sitzt,
Behalte trotzdem ruhig Blut,
Der Wein tut allen Menschen gut.
Und achte nicht, was daraus werde,
Wenn auch der Wein fließt auf die Erde:
Denn du mußt ihn ja nicht ersetzen,
Drum reiße dich auch nicht in Fetzen.
Sind dann die Gläser überfüllt,
Ist gar dein Herr in Zorn gehüllt,
So daß du denkst, er werde fluchen,
Dann sollst du deinen Vorteil suchen.
Drum schlürfe hurtig ab den Wein,
Tu so ein Jungfer-Trünkelein
Und setz die Gläser schwungvoll nieder,
Schütt auch den Wein in Kannen wieder,
Betrachte den gestauten Fund,
Ob etwas drin wär ungesund.
Wenig Wein, sprich, schadet minder,
Das merkt euch wohl, ihr groben Kinder.
Und große Bürde drückt gar schwer,
Die vielen leicht zu tragen wär.
Sollst du dann viele Sorten Wein

Wo volle Gläser sind, da werden auch gern volle Leute.

Johannes sine cura.

Ohne einen Trichter daneben-schenken

Tu ein kleines Trünklein bis auf den Glasboden.

Mach ein confusum chaos.

Den Gästen wieder schenken ein,
Laß dich davon nicht irritieren,
Wie du sie kannst distribuieren,
Wem jeder Wein wohl zugehöre
Nach seiner Würdigkeit und Ehre.
Halt du nur allezeit den Brauch
(Weil Wein zu Wein kommt in dem Bauch),
Daß du dem nächsten Gast ganz prompt
Den Wein schenkst ein, grad wie er
kommt;
Es kann ja eben jener sein,
Den du ihm solltest schenken ein.

Un grand brouillon.

Und misch den Wein auch ohne Bangen,
So wird er Qualität erlangen,
Denn wenn man ihn zusammentut,
Macht einer bald den andern gut.
Nur so gewinnt an Temperatur
Und übertrifft gar die Natur
Der solcherart gemischte Wein,
Der schlechter schmeckt für sich allein.
Wenn aber jemand sollte unken,
Er hätte nie solch Wein getrunken,

Der Knebel ist geschickt mit der Nase auf dem Ärmel.

So sage ihm mit Worten frei:
Dir fehlt die Kenntnis der Arznei,
Du kannst es selber dir nicht denken,
Wie die Doktoren tun mit Tränken,
Die sie den Kranken wollen geben,
Ob sie nicht gar vermischen eben
Den zähen Sirup wohl nach Kräften
Mit Zucker und verschiednen Säften,
Mit Branntwein, Kräutern und so weiter:
Was sagst du nun, du Schwarzer Reiter ?

Will man nicht halten denn für gut,
Was selbst ein Arzt wohl auch nur tut?
Das Bier vermische dann im Nu,
Sprich schöne Worte nur dazu.
Und nimm auch deinen Vorteil wahr:
Reicht jemand einen Becher dar,
In dem sich noch ein Trunk befindet, *Totum extra ut nihil maneat intra. Küß den Boden.*
Der sich mit deinem Durst verbündet,
So leere ihn mit einem Zug,
Das heiß ich ehrenwert und klug.
Und sollte jemand einmal winken, *Alles oder nichts, halte kein Mittel.*
Mit ihm wohl einen Schluck zu trinken:
Bist du nicht durstig, schlag es ab,
Daß er umsonst gewunken hab.
Doch dürstet dich zur selben Stund,
So sauf es aus bis auf den Grund,
Daß nicht ein Tröpflein bleibt im Glas,
Dann schenke nach, das macht doch Spaß.
Den Hut laß auf dem Kopf nur bieder, *Wie oben gelehrt*
Doch reiße ihn, willst du es, nieder,
Daß jener denkt, dran stör dich nicht,
Du zieltest ihm ins Angesicht.
O wie modern und modisch ist, *Steht dir wohl und ist nützlich.*
Wenn du recht ausgelassen bist,
Ein Glas läßt auf die Erde knallen,
An dem dein Herr fand viel Gefallen,
Daß es in tausend Stücke springe
Und der Gesellschaft Kurzweil bringe.
Hebt nun dein Herr zu fluchen an, *Man muß einmal den Narren mit dem Kolben austreiben.*
Gib einem andern Schuld daran,
So kannst du dann, um Christi willen,
Den Unmut deines Herren stillen,

Animiere zum Trinken, wo du kannst.

Daß er sich dreinschickt, zu verstehen:
  Wohlan, es ist nun mal geschehen.
Siehst du wohl einen leeren Becher,
  Kannst nicht ausmachen zwar den Zecher,
Weil jeder spricht, er sei nicht sein,
  Und einer fürchtet gar den Wein,
Hat wohl denselben drum verborgen,
  Weil Trunkenheit er muß besorgen,
So nimm den Becher in die Hand
  Und fülle ihn bis an den Rand,
Trag ihn zum nächsten ohne Eil
  Und sage ihm: Das Glas ist feil.
Laß auch den Trunk herum nur gehen,
  Kein Becher soll bei Tisch bloß stehen;
So wird der Becher dann gar leicht
  Von Gast zu Gast herumgereicht.
Doch tue alles mit viel List,
  Weil solches hoch zu loben ist.
Denn wer dem Schalk wohl dienen kann,
  Gilt jetzt als rechter, weiser Mann.
Beim Zechen halte dich daran,
  Trink Bier allein, das nährt den Mann:
Den andern aber hilf dabei,
  Daß Wein und Bier zusammen sei,
Weil ja ein Trunk viel stärker wirkt,
  Ist die Mixtur nur streng verbürgt:
So machst du sie randvoll geschwind,
  Daß sie nicht wissen, wo sie sind.
Wird so daraus ein wüstes Zechen,
  Soll es nicht deine Grobheit schwächen.
Willst du den Gästen gnädig sein,
  Gib ihnen auch den puren Wein

Es wär nicht gar so schlimm, wenn doch einer nüchtern bliebe aus dem Haufen.

Le banquet des ivrognes.

Und trinke selbst in vollen Zügen,
Sollst dich mit wenig nicht begnügen,
Daß du als erster werdest voll;
Es macht den Gästen keinen Groll,

Gib gute Exempel!

Wenn du dich so possierlich stellst,
Von einer Wand zu andern fällst
Und taumelst, gaukelst hin und her,
Als ob kein Hirn im Schädel wär.

Hat weniger Hirn im Kopf als ein Metzger auf der Platte.

Das werden sie dir gucken ab,
Daß jeder etwas von dir hab.
Wenn sie dich sehen solches treiben,
Wird ihrer keiner nüchtern bleiben
Und in der Ecke Trübsal blasen,
Statt dessen macht der Wein sie rasen.

Vinum laetificat cor hominis.

Laß niemand auch vom Tisch aufstehen,
Bis selbst er nicht mehr heim kann gehen,
Bis Schwindel ihm steh im Gesicht
Und ihn die Füße tragen nicht.

Mache sie so voll, daß einer einen weißen Hund für einen Müllerknecht ansieht.

Und hör auch nicht, ob dein Herr sage,
Daß dieser Gast nichts mehr vertrage.
He, Lieber, sprich, laß ihn nur sitzen,
Wir wollen ihn noch mehr anspitzen.
Auch sollst du niemand schenken ein,
So er im Becher noch hat Wein;

Leerer Becher soll sich nicht säumen.

Ist etwas drin, so sauf es aus
Und ziehe eine Lehre draus:
Man soll nicht schenken Wein auf Wein,
Es kann nicht gut noch lustig sein.
Dann sprich: Willst du den Wein verschmähen,
Bei uns wohl auf Beschiß ausgehen
Und nippen nur an deinem Wein?

Das findet keiner von uns fein.
Man soll hier halten Redlichkeit

Beaufsichtigen ist besser denn trinken.

Und handeln mit Gerechtigkeit.
Meinst du, ich hab dich schon vergessen?
Ich will dir besser jetzt zumessen

Ignaum pecus et telluris inutile pondus.

Und bringe dir nun diesen an;
Kein freieres Volk man finden kann
Als gute Schlucker, wo die hausen,
Und Becher leeren, Gläser, Krausen.
Und wißt Bescheid, ich dien euch allen,
Zu keines Leid noch Wohlgefallen,
Denn jedem will ich gleich ausschenken,
Es soll nur keiner andres denken;
Drum will ich unparteiisch sein,
Ist leer das Glas, gleich schenken ein.
Solch Reden brauch (zu Bacchus' Ehren),
Wollt dessen sich jedoch wer wehren,

Zutrinker sind sehr unbarmherzig.

Um Gotteswilln die Bitte tun,
Du solltest ihn auslassen nun,
Sprich: Du darfst nicht des Trinkens ruhn;
Wollt eher, daß ich Hänslein hieße,
Als daß ich dir dies Glas nachließe.
So trinkt er dann, tut dir Bescheid,
Es sei ihm gleich lieb oder leid.
Dann sprich: Ihr Herrn, wo bleibt der Trunk?
Trinkt weidlich aus, ihr seid noch jung:
Ist niemand hier, der mir zuwinke,

Lug, daß du nicht inwendig schimmlig werdest.

Auf daß ich Freundschaft mit ihm trinke?
Sag Lustiges sodann und singe,
Bis jemand Wein in Mengen bringe,
So sind die Gäste bald voll Wein,
Was guten Vorteil dir bringt ein,

Du mußt dich schonen nur allein.
Wenn dir die Augen fallen zu,
Gib acht aufs Trinken dann im Nu,
Vielleicht kommst zeitig du zu Bette,
Was großen Nutzen für dich hätte:
Du könntest endlich schlafen aus,
Da man sehr früh dich trieb heraus.
Viel Wachen schwächt der Jugend Kraft,
Hört man oft von der Ärzteschaft:
Ruhe bringt die Kräfte wieder,
Drum steh spät auf und geh früh nieder.
Bemühe dich, wenn du es magst,
Daß du die Gäste bald verjagst.
Befolge auch, was ich jetzt sag,
Weil es zur Grobheit helfen mag:
Schau nach, ob an der Tafel säßen
In deines Herren Haus und äßen
Leute, die nicht eines Standes
Noch Handels, Profession und Landes:
Der erste und der größte Teil
Wär mutwillig, verwöhnt und geil,
Wärn Burschen von verlornen Haufen,
Die sich nur sammeln, um zu saufen,
Wärn Humpen-Brüder und Weinschläuche,
Die gern sich füllen ihre Bäuche,
Wärn Leute, die Palaver hielten
Und lärmend nach der Tafel schielten;
So säße an dem nächsten Orte
Der andre Teil, bar vieler Worte,
Ehrsam, tapfer und gescheit,
Vertrieb da freundlich sich die Zeit
Beim Spiel mit Pfennigen, zwei, drei,

Tu den Grobianern mehr Gutes denn rechtsinnigen Leuten.

Die volle Rotte redet mehr von Narrheit denn von Gott.

Gelehrte Leute achten der kostbaren Zeit.

Und redete viel Gutes bei:
Hast du den Schlüssel nun zum Keller,
So gib ihn her um keinen Heller
Und präsentier vom besten Wein
Der groben Rotte nur allein,
Servier den schlechtesten sodann
Den guten Leuten, denke dran.
Und nimmt der Herrn das einer übel,
Sprich: Beßrer Wein ist nicht im Kübel,
Wem er nicht schmeckt, der laß ihn stehen,
Es wird euch hier nicht besser gehen;

Eine faule Entschuldigung

Zumal es nicht kann nützlich sein,
Zu trinken guten, starken Wein
Gescheiten Köpfen, Charakteren,
Die voll subtiler Händel wären,
Die allzeit in Geschäften stünden,
Die hohe Gunst des Volkes finden,
Und denen es nicht kann gebühren,
In Trunkenheit sich aufzuführen.
Denn solches Laster nimmt dahin
Vernunft und Weisheit, guten Sinn:
Wird doch also das Haupt getrübt,
Das keinen guten Rat mehr gibt,

Soviel einer höher steigt, soviel mehr Weh geschieht ihm, wenn er fällt.

Und schnell ist die Person verpönt,
Die üppig solchem Laster frönt:
Du würdest schuld daran wohl sein,
Wenn du einschenktest starken Wein.
Auch wollen solche Leute sitzen,
Breit reden von Vernunft und Witzen,
Von ernstlichen und großen Sachen,
So daß du lange müßtest wachen:
Sie würden um so später weichen,

Je mehr sie sich des Weins vergleichen,
Denn ihr Geschwätz kann lange währen,
Wird keiner je nach Haus begehren.
Diesem Fall wehrst du mit Recht,
Ist der servierte Wein ganz schlecht,
Ist schimmlig er, hat Bodensatz,
So schütten sie ihn in den Latz;

Laß niemand zuliebe etwas Gutes geschehen.

Ist der Geschmack nicht angenehm
Und diesen Leuten unbequem,
Trinkt niemand eine solche Brühe,
Was dir erspart viel Fleiß und Mühe:
So kannst du sicher sie vertreiben,
Bei saurem Wein wird keiner bleiben,
Sie werden ihn bald lassen stehen
Und ungesäumt nach Hause gehen.
Wie man von der Xantippe liest,
Dem Weib des Sokrates, dem Biest,
Die eine Posse hat getrieben,
Welche man hat aufgeschrieben,
Die schlechten Leumund ihr gebracht,

Xanthippe viele Töchter hat, die wollten, es würd niemand satt.

Ich nenne sie hier mit Bedacht:
Hört, was sie mit dem Brei gemacht.
Um Kurzweil einst zu später Stunde
Lud Sokrates die Freundes-Runde,
Daß sie mit ihm in frohem Mut
(Wie man sehr oft dergleichen tut)
Käse, Brot gemeinsam äßen,
Daß sie fein still zusammen säßen
Und sprächen über Kunst und Leben.
Xantippe, ungeduldig eben,
Erhob ihr Maul und schwatzte sehr,
Fiel über ihre Gäste her,

Gute Freunde nehmen Käse und Brot für gut – sind sie nicht gut, so sind sie dessen nicht würdig.

Das Angesicht in starker Glut
(Wie manche alte Vettel tut).
Sie fluchte stark, verhielt sich übel
Und spritzte Gift aus vollem Kübel.
Die Gäste, klug und wohlgelehrt,
Hatten oft den Zank gehört,
Verschlossen ihm diesmal die Ohren,
So war ihr Keifen wohl verloren.
Kein Echo fanden ihre Nöte,
So blähte sie sich wie 'ne Kröte
Und stieß den Tisch bald um mit Mut,
Beschwor die Gäste voller Wut,
Zeit wär's, daß jeder heimgehn tut.
Warf Tische, Bänke, wie sie kamen:
Sie sollten gehn in Teufels Namen.
Da war es mit den Gästen aus,
Blieb keiner mehr in ihrem Haus.
Die Praktik laß nur ja nicht bleiben,
Willst du die Gäste bald vertreiben;
Doch willst du ihrer besser schonen
(Sie könnten es mit Fäusten lohnen),
So setze vor den sauren Trank,
Dann bleibt der Herren keiner lang.
Sieh nach den Burschen nun geschwind,
Schau, ob sie schon besoffen sind
Und ob ihr Wein recht stark und firn,
Damit er flugs steigt in ihr Hirn,
Ob sie des Dampfs schon wären innen,
Sind sie doch nicht von scharfen Sinnen.
Wolln auch die Köpfe schier zerspringen,
Daß keine Kenntnis sie erringen:
Sie haben ja zu halten nicht

Ein böses Weib ist drauf erpicht, daß wer zu ihrem Zorne spricht.

Ungebrannte Asche wäre ihr gesund gewesen.

Laß dieses züchtige Gesinde nicht Mangel leiden.

In schweren Sachen Rat, Gericht,
Was sollten sie da mäßig leben
Und viel nach großer Weisheit streben?
Auch wenig Witz tut ihnen gut,
Dazu ein frischer, freier Mut,
Ein Vöglein sorge nur für sie,
Und Kummer, der bedrängt sie nie,
Nach Reichtum trachten sie nicht sehr,
Noch wie man Weib und Kind ernähr:
Ihr Streben geht nur stets dahin,
Zu haben einen leichten Sinn,
In großer Menge Wein zu saufen
In einem Grobianer-Haufen.
Bring ihnen, was sie nur begehren,
Sollst ihnen guten Wein gewähren.
Den trag nur auf, sei unverdrossen,
Wär er im Keller auch verschlossen.
Denn große Fülle, Trunkenheit
Ist täglich dieser Rotte Kleid.
Auch mag kein Schlemmen ihnen schaden,
Wie schwer sie wärn damit beladen.
Dann sollst du diese Burschen ehren,
Sie führen, wohin sie gehören:
Gebrauche Sinn, Witz und Vernunft,
Reih ein sie der Grobianer-Zunft,
Wozu sie selber willens sind,
Der starke Wein macht sie geschwind.
Sind sie dann alle überwunden,
So kannst du schlafen manche Stunden.
Treib sie jedoch erst vor die Türe,
Daß einer nur den andern führe:
Hernach sauf selber guten Wein

Sorgen machen graue Haare.

Sie lassen Vöglein ruhig sorgen, was heut nicht kommt, erwart man morgen.

Verdauen ein Hufeisen wie ein Strauß.

Führt also ein Blinder den anderen.

In aller Ruhe dann allein
Und schlaf in Kleidern schließlich ein.

DAS ACHTE KAPITEL

Von sittlichen Reden, wichtiger Disputation und mancherlei Meinung

Nun lern, was du zu treiben hast,
Machst du mit solchen Schluckern Rast;
Denn wenn sie wohl betrunken sind,
Erheben sie Rumor geschwind,
Schreit einer hier, der andre dort,
Daß keiner hört sein eignes Wort.
Da lernst du Wunderliches bei,
Das dir zu etwas nützlich sei.
Der sagt, was er getrieben habe,
Als er noch war ein junger Knabe,
Auf Stecken auch geritten sei,
Getrieben seltsam Spiel dabei.
Ein andrer sagt dir dann im Scherz,
Wie er gebuhlt mit heißem Herz
Und wie er konnte lieblich schwätzen
Mit seiner allerliebsten Metzen,
Er wird erzählen dir ganz frei,
Wie wohl ihm das gelungen sei
Und wie nach Wunsch ihm sei gegangen,
Was immer er hab angefangen:
Auch wird er Seufzer lassen viele,
So er gedenkt der alten Spiele.
Wie schweren Atem holt er doch,
Denkt er an seine Buhlschaft noch.
Ein nächster sagt das Widerspiel,
Wie er erlitten hab so viel,

Voce stentorea. Schreien wie die Zahnbrecher.

Ist Narrenwerk, auf Stecken zu reiten, ist wohl zur Hälfte gegangen.

Wie er am Narrenseil geführt wurde.

Ein Buhler erleidet viel.

Und wird von großem Unglück klagen,
Was er für Kummer hab ertragen
In solcher tollen blinden Lieb
Und sich gehalten wie ein Dieb,

Man läßt nicht alle ein, die anklopfen.

Zu kommen in ihr Kämmerlein,
Die ihn doch nie gelassen ein:
Wie er im Winter, als es kalt,
Empfand des Feuers Brandgewalt.
Und wie er auch oft ihretwegen

O narrabo.

Gelaufen sei durch Schnee und Regen,
Wie sie ihn dennoch nicht empfangen
Und wie sein Plan nicht aufgegangen,

Man nimmt das Geschenk, wie wenig man deiner mit gedenkt.

Daß selbst Geschenke, Bitten, Geld
Ihm nicht bereiteten das Feld.
Sitzt auch dabei ein voller Krug,
Der nicht kann loben hoch genug
Die Liebste und verwettet Geld,
Kein schönrer Mensch sei auf der Welt.
Da wird er loben offenbar
Ihr glitzernd schönes goldnes Haar,

Sie hat sieben Schönheiten, sie sind aber nicht zu sehen.

Die schwarzen Äuglein oftmals nennen,
Die so wie nur Karfunkel brennen
Und wie zwei Lichter sternenklar
(Der schönen Venus gleich fürwahr);
Ihr Mündlein rot wie ein Rubin
Und süß die Rede, wie ihm schien,
Ihr Angesicht gar schön rundiert,
Die glatte Stirn so wohl formiert,
Weiß wie ein schönes Elfenbein,
Vergleichbar einem Marmorstein,
So glatt und klar, von Farbe gut,
Wohl temperiert wie Milch und Blut,

Wie weiße Lilien dargestellt,
  Wenn man zu ihnen Rosen hält.
Also wird er sie schön beschreiben
  Und lang bei solchen Reden bleiben,
Zuletzt (daß niemand hab Verdruß)
  Gelangen dann zu diesem Schluß:
In summa, sie ist so gestaltet,
  Daß bei ihr gar kein Mangel waltet,
Vom Scheitel hoch bis auf die Füß
  Ist all ihr Tun und Lassen süß
  (Zu tausend Malen ich sie grüß).
Ein andrer kündet alte Mär,
  Wie Hauptmann er gewesen wär,
Wie manchen Zug er hab getan,
  Wie hart ihm kam die Ordnung an
  Und wie er freigekommen dann,
Daß lang er hatte nichts zu essen,
  Und wie man ihn beim Sold vergessen,
Wird auch erzählen Abenteuer
  Von Stürmen, Kämpfen ungeheuer,
Von Schlachten und von manchem Streit
  (Und kam doch nie vors Stadttor weit).
Ein andrer wird auch ungefähr
  Sein Jagdglück preisen noch viel mehr,
Wie er mit einem Schuß auf Pirsch
  Im Wald schoß einen großen Hirsch
Durch Kopf und Bein, durch einen Fuß,
  Was dann ein jeder glauben muß:
Erzählen von viel guten Hunden,
  Wie den er hier, den dort gefunden:
Wie dieser sei so unverzagt
  Und wie er Wölfe, Bären jagt.

Als wär es in einen Kohlsack zusammengeschüttet.

Cetera quid referam nil non laudabile vidi.

Enumerat miles vulnera.

Pastoret oves.

Navita de ventis.

Wer weit gewandert oder alt, die lügen beide mit Gewalt.

Brüllaffen führen allzeit im Schilde; Mücken zu fangen.

Ulysses verstopft die Ohren vor der Sirenen Gesang.

Der spricht von Feldern und vom Vieh,
  Von feisten Ochsen, Schafen hie,
Der ist ein Seemann, spricht von Winden
  Und wie man kann die Inseln finden
Und von dem ungestümen Meer,
  Daß sich die Leute wundern sehr,
Die nie sind auf dem Meer gewesen
  Und solches auch nicht konnten lesen.
So fügt ein jeder etwas zu,
  Daß er dir auch gefallen tu.
Du halte weit die Ohren auf
  Und hör bei allem fleißig drauf.
Wenn dich inzwischen ruft ein Gast
  (Das Kerlchen schon verdurstet fast)
Und will, du sollst ihm Wein einschenken,
  Oder will dich sonstwie kränken,
So achte nicht auf seine Bitt
  Und tu, als ob du hörst sie nit:
Denn achtest du auf sein Gebärden,
  So will er auch bedient dann werden.
So hat Odysseus einst getan,
  Als die Sirenen wollten nahn,
Damit die Stimmen er nicht hörte
  Und ihr Gesang ihn nicht betörte:
Mit Wachs hat er verstopft die Ohren
  Der Freunde, die wohl sonst verloren
Und so entkamen großer Not,
  Entflohen der Gefahr, dem Tod.
Nun war Odysseus sehr geschickt,
  Tu ebenso, daß es dir glückt;
Was man auch sag und schreien tu,
  Tu so, als wärst du taub dazu.

Kannst du dich aber nimmer wehren
Und wolltest dem Geschwätz zuhören,
Mußt eine Antwort wohl auch geben,
So sprich: Ich hatt kein solches Leben,
Wart eine Weile, sei geduldig,
Das bist du dem Geschwätz hier schuldig,
Sag: Ich will sprechen auch behende,
Sobald ich hab gehört das Ende.
So wird man auf dich warten frei,
Bis es dir wohl gelegen sei:
Hör du den Schluß zuerst mit Freuden,
Laß das Geschwätz dir nicht verleiden.
Wenn Bacchus erst in ihnen siegt
Und die Vernunft von dannen fliegt,
So merkt man dein Erzählen baß,
Glaubt einer dies, der andre das.
Sie steigern sich bald so hinein,
Daß keiner will zufrieden sein.
Der sagt, die Seele sei unsterblich
Und nur die Körper wärn verderblich,
Die Seele wandre immerzu,
Wodurch es oftmals kommen tu,
Daß sie in einen Menschen fahr,
Wenn sie vorher im Tiere war.
Doch will vielleicht den andern allen
Diese Lehre nicht gefallen,
Die sie nicht halten drum für zünftig,
Für närrisch gar und unvernünftig.
Der Leib, die Seele gingen hin
Zu gleicher Zeit und ohne Sinn:
Wie auch die Hitze ja verderbe,
Wenn nur das Feuer erst ersterbe.

Warte eine Weile, ich habe deiner auch lange geharrt.

Wenn Wein eingeht, geht Witz aus.

So müßten der Grobianer Seelen in Eseln, Säuen und Büffeln stecken.

Die Auferstehung Christi ist solchen auch nicht nütze.

Die albernen Schafe sind wohl geledert.

Die Weinzapfen wissen mehr denn neun am Galgen.

Aliena monstra mirantur propria non cognoscunt.

Sona, historia, o vere, o false.

So streiten andre bald dawider,
  Die solche Sachen glauben bieder,
Verfechten halsstarrig beim Wein
  Unsinniges oft ganz allein.
Andre wollen dir bedeuten
  Von Meerwundern und wilden Leuten,
Die in der Ferne es soll geben,
  Wo Menschen mit Hundsköpfen leben,
Die nehmen Menschenfleisch zur Speise
  Und leben so auf diese Weise.
Der hab 'nen Fuß von solcher Breite,
  Daß er den Regen ihm ableite
Und laufe so geschwind damit,
  Daß ihm kein Tier entfliehe nit.
Auch hätte mancher Ohrn der Größe,
  Daß sie bedeckten seine Blöße.
Der hab die Augen auf der Brust,
  Ein Wunder, das bereitet Lust.
Beschreibt auch einer an dem Tisch
  Sirenen, Meerschwein und Walfisch,
Des Herzogs Ernst bewährtes Schiff,
  Wie der zu dem Karfunkel griff,
Wie einst Sigenot den Berner trug
  Und wie Wolf Dietrich Drachen schlug,
Wie es Sankt Brandon übel ging,
  Daß er vier Wochen in 'nem Ring
In einem großen Walfisch fuhr
  Und tapfer schlug über die Schnur
Und große Schwüre tat dazu,
  Daß man solch Ding auch glauben tu.
So findet man dann ein, zwei Knollen,
  Die freiwillig nicht glauben wollen,

Daß die Natur treib so ihr Spiel
Und vorbring solcher Wunder viel,
Die streiten, daß man glauben soll,
Wovon die Bücher wären voll.
Ein jeder braucht dann eine List,
Daß seine Rede glaubhaft ist.
So streiten sie ob mancherlei
Und machen Zank und auch Geschrei,
Verbringen lange Zeit mit Plärren
Von Kaisern, Königen und Herren,
Geraten dadurch in Unfrieden
Für Leute, welche sie sonst mieden:
Der sagt für einen Herren gut,
Den schon der nächste schelten tut:
Ist das grobianische Gesind
Doch ungesalzen, toll und blind
Und zankt sich wohl um Taubendreck.
Schon hebt dann an der nächste Geck,
Der weiß von Wundern was zu sagen,
Von guten und auch schlechten Tagen,
Vergißt dabei auch nicht die Sage,
Was er allzeit für Kleider trage
Und ob er sollt zu Hause bleiben,
Ob Jagen oder Handel treiben,
Zu welcher Zeit er Glück mit hab,
Wenn er sich schneid die Nägel ab,
Und wann er wandre übers Feld
Und wann empfangen sollte Geld.
Der nächste ihm entgegnen tut,
Geld einzunehmen sei stets gut
Und sei ein Tag gleich wie der andre,
Ob man verkaufe, bleibe, wandre.

Natura ludit in multis.

Werden uneins um großer Herren willen, die nimmer an sie denken.

Die Tage wären gut, wenn die Leute gut wären.

Lukas hab nichts von geschrieben,
Ob Heiden hätten das getrieben.
Dem will der nächste widersprechen,
Will eine Lanze darum brechen:
Denn jeder möchte witzig sein,
Bis sie mit Fäusten schlagen drein.

Furor arma ministrat.

So führen Worte dann zu Streichen,
Mit denen man sich will erreichen.
Bald stoßen sie die Tafel um,
Ein jeder nimmt es jedem krumm,

Warum blieb er nicht daheim.

Und manchem wird zerkratzt die Haut
Von einem, dem er doch vertraut.
So tauschen sie die Argumente
Mit schwerer Pacht und übler Rente.

Wie die Fledermaus bei Äsop.

Du lauf dazwischen, habe Mut,
Hilf, wo das Glück sich halten tut,
Und hilf in diesem Hader sehr,
So werden sie erzürnt noch mehr.
Schlag kräftig zu, schon deine Haut
Und schreie heftig, stark und laut,

Wenn ich nicht wüßte, daß du ein Esel wärst (sagte der Löwe), du hättest mich auch erschreckt.

Wie ein Zahnbrecher pflegt zu plärren,
Will schlechte Zähne er rauszerren.
Brüll wie ein Ochse, wie 'ne Kuh,
So schließen sie die Mäuler zu,
Daß deine Stimme schallen mag
Als wäre sie ein Donnerschlag.
Dann werden alle loben dich,
Daß du dich hieltest ritterlich,
Und sagen, daß du edel bist,
Obwohl es dir an Stand gebrist.

DAS NEUNTE KAPITEL

Wie die Gäste zu vertreiben, das Haus zu warten, sich schlafen zu legen und der Kopf wieder herzurichten seien

Wenn sich dann solch Rumor und Zank
  Hinziehen wollt und würde lang
Und sollt dir widerwärtig sein,
  So leg dich mit Gewalt darein
Und heiß sie lassen von dem Strauß,
  Damit ein jeder geh nach Haus.
Fragt einer dich: Was hat's geschlagen?
  Dem sollst du nicht die Antwort sagen,
Wenngleich dir tät der Hahnschrei kund,
  Daß es erst sei die zehnte Stund;
Sprich doch, es hätt schon zwölf geschlagen,
  Das sollst du wiederholt dann sagen,
Auch wenn sie danach fragen nit,
  Nur daß du sie vertreibst damit.
Will diese List nicht helfen schier,
  Daß sie sich trollten dann von dir
Und hätten auf die Zeit nicht acht,
  Ob es schon wär um Mitternacht,
So kehre Grobheit dann heraus,
  Sprich: Jeder gehe jetzt nach Haus.
Hat es dein Herr auch nicht befohlen,
  Wirst du doch Dank bei ihm einholen,
Denn solches er gern selbst verhieße,
  Wenn er es nicht aus Rücksicht ließe:
Was ihm nicht ziemt, mag dir gebühren,

Dem Schlichter wird der Lohn gehören.

Es ist um die Zeit, um die es gestern war.

Brauche das Maul auch einmal.

Lasse die Säue heraus.

Du sollst die Sauglock weidlich rühren.
Wenn sie dann stracks vom Tisch aufstehen,
So sperr die Tür auf, laß sie gehen.
Dabei sollst du drauf achten eben,
Wenn sie die Hand zum Nachtgruß geben
Dem Herren oder deinem Vater,

Wie sich der höfliche Hausknecht zu Bett schicken soll.

So packe dich, mach kein Theater,
Daß niemand es bemerken kann,
Wie du zu Bett begibst dich dann;
Entschlafe schnell, spar das Gebet,
Zum Segnen ist es viel zu spät:
Beginn zu schnarchen wie das Vieh,
Sorg nicht, wer dich behütet hie.

Der Hutmacher, mit einem dicken großen Filz

So wird dein Herr umher dann gehen
Und schauen, was du nicht versehen,
Die Tür verriegeln und verschließen;
Es wird ihn ja wohl nicht verdrießen,
Das Haus ist sein, hat er's gern zu,
Ist's billig, daß er's selber tu.

So müßte man dem faulen Esel Urlaub geben.

Daß er die Kerzen löscht, das Feuer,
Das kommt wohl deinem Schlaf zur Steuer.
Der Herr weiß wohl, was sich gehört,
Schon Cato hat es ja gelehrt,
Daß einem Hausherrn wohl ansteht,
Wenn er als letzter schlafen geht,
Als erster aufzustehn begehrt
Und selber schaut nach seinem Pferd:

Es wäre besser, man vertraute nicht jedem Grobianer ein Licht an.

So wird es schön, gesund und rund
(Wie's manchem guten Herrn ist kund).
Des Lichtes halber hab Bedacht,
Daß Nachteil manchem es gebracht,
Ging ohne Kerzen er zur Ruh

Und zog sich viele Beulen zu
Am Schädel, als er stürzte munter
Die Stufen auf der Treppe runter,
Weil hingestellt sich dort befand
Ein Ding, das vorher nicht da stand,
Worüber er gestrauchelt war,
Als hätt man ihn geschlagen gar.
Man sagt, die Nacht sei voller Tücken,
Drum sieh dich vor bei allen Stücken,
Der Herr weiß besser ja Bescheid
Im Haus, ist mit Geschwindigkeit
Im Dunkeln bald vorangekommen,
Sein Murren sei ihm unbenommen:
Er ziehe selbst die Hosen aus,
Bist du im Bett, so geh nicht raus.
Belad dich nicht mit großen Sorgen
Und schlafe bis zum hellen Morgen,
Bis man dich aus den Federn bittet
Zur Morgensuppe ganz gesittet.
Wenn abends du willst schlafen gehen,
Laß alles auf der Tafel stehen,
Was immer darauf liegen mag,
Es kommt doch morgen noch ein Tag.
Wie stünde es dir nützlich an,
Hättst alles du hinweggetan,
Geschirr geschwenkt gar schön und rein.
O sieh, der Nutzen wäre klein,
Mußt morgens du erkennen glatt,
Daß nachts man draus getrunken hat.
Dazu ich dich so oft ermahn,
Nimm dich nicht großer Arbeit an
Und schlafe ruhig ohne Sorgen,

Nox & amor vinumque nihil moderabile suadent.

Morgen kommt Tag, dann kommt auch Rat.

Grobianer sind andächtige Leute, sie dienen den sieben Schläfern in der Nacht und St. Grobian bei Tag.

Die Sonne weckt dich schon am Morgen,
Sollst in den warmen Federn bleiben,
Von niemand laß heraus dich treiben,
Bis dich der Hausherr rufen tu,
Zwei-, drei-, gar viermal wohl dazu:
Dieweil die Arbeit ist geschehen,
Die Mägde haben sie versehen
Und haben alles aufgeräumt,
So hast du Mühe nur versäumt.
Dünkt es dich dann genug der Rast
Und du den Rausch vertrieben hast,
Daß nimmermehr der Kopf tut weh
Und schon die Sonn am höchsten steh,

Entwende dem Teufel den Braten.

So halt dich, wie's dir zugehört,
Wie ich es oben hab gelehrt
Und wie ich es von dir erhofft,
Daß ich ein Ding nicht sag zu oft.
Sollt es dir dann geraten sein,
So trink alsbald ein Glas Branntwein,
Das dünkt gar viele sehr probat
Und scheint auch mir kein schlechter Rat,

Nun richte das Köpflein wieder ein, so gehst du bald zum kühlen Wein.

Du magst dabei dann ruhig bleiben,
Kannst weiter so den Rausch austreiben.
Ich hätte Stücke noch zu lehren,

Latissimus campus.

Die dem Grobianer zugehören,
Die Zeit vergeht jedoch behende
Und heißt mich eilen zu dem Ende.
Und sollt ich alles schreiben her,
Ob's dann genug Papier wohl wär?
Wer sollte auch das Buch je tragen,
Er braucht dazu wohl einen Wagen,
Denn weit verbreitet sind die Bräuche

Grobianorum infinitus est numerus.

Der derben Grobianer-Schläuche;
Ich zeigte hier nur allgemein
Ein paar der Sitten ganz allein,
Sonst schickte sich das Buch wohl übel
Und wär viel schwerer als die Bibel.
Hiermit ade, mich schläfert sehr,
Wenn ich erwach, so schreib ich mehr.

Ende des ersten Buches GROBIANI von unhöflichen, bäurischen Sitten

DAS ANDER BUCH
GROBIANI

Von groben, unhöflichen Sitten

DAS ERSTE KAPITEL

unterweist, welchermaßen ein Grobianer, so er zu Gast geladen, sich einen Merkzettel machen, den besten Sitz einnehmen und sich mit Proviant versehen soll.

Bisher hab ich gelehrt dich Sachen,
  Wie Gäste du kannst fröhlich machen,
Gleich wie es einem Knechte frommt,
  Der Kost und Lohn von Herrn bekommt.
Nun ist es Zeit, daß du erfährst,
  Falls selbst einmal ein Herr du wärst,
Wie du traktieren sollst den Gast,
  Den du zu dir geladen hast.
Doch will zuvor ich schreiben eh,
  Was dir bei Leuten wohl ansteh,
So du zu Gast geladen bist,
  Und was gut grobianisch ist.
Zum ersten: Wenn es dir mal glückt,
  Daß einen Boten man dir schickt,
So sollst du gleich befragen ihn,
  Wer außer dir als Gast käm hin
Und welchen Grund die Feier habe,
  Woran man sich auf ihr erlabe,
Wozu die Hausfrau sich bequeme,

Kein Messer ist, das schärfer wär, als wenn der Knecht würde der Herr.

Frage, was die Küche vermag.

Helluonum quaestiones.

Ob sie wohl große Töpfe nähme,
Die Bratpfanne dazu verwende
Und ob man gutes Wildbret fände,
Ob auch voll Hühner wärn die Spieße
Und ob man guten Wein verhieße,
Wie es mit Koch und Keller stünde
Und ob man Früchte, Fladen finde,
Ob man Pasteten backen tät
Und gute Zuckerfladen hätt,
Ob auch viel Jungfraun kämen gar
Und schöne Weiber wohl ein paar,
Daß nach dem Essen man könnt springen,

Ob man dir vortanzen wird.

Ob Saitenspiel auch werd erklingen.
Wenn du dann alles hast vernommen,
Sprich nur: Wohlan, ich werde kommen.
So kennst du dann das Festmahl fein
Und gehst nicht ungewiß hinein
Wie andre Gäste, die' s nicht wissen,
Das schafft dir manchen guten Bissen.

Der groben Erinnerung halber mache einen Freßzettel.

Doch daß du nicht vergißt inzwischen,
Was bei dem Fest man wollt auftischen,
Sprich: Bote, schreib auf ein Papier,
Was du vom Essen sagtest mir.
So weißt du dann zu jeder Zeit,
Was wohl die Platte hält bereit.
Ist's gut, so nimm dir deinen Teil,
Ist's schlecht, so steh umsonst es feil,
Du weißt dich ja zu halten fein,
Es sei beim Essen, sei beim Wein.
Den Zettel sollst du oftmals lesen,
Vergleichen, was schon dagewesen
Und was man noch mehr bringen soll,

Damit wird dir dein Bäuchlein voll.
Kannst manche Speisen du nicht finden,
Die doch auf deinem Zettel stünden,
Und dünkt dich, man werd sie nicht bringen,
Statt dessen Käse dir aufzwingen
(Weil sie sie wohl behalten wollten
Für Gäste, die noch kommen sollten),
So hast du Zeit und guten Fug,
Zum Zürnen Ursache genug.

Schreckt den Gast, sehen die Grobianer nicht gern.

Sprich: Wo bleibt jene Speise gar,
Die auf den Tisch verordnet war?
Ihr wollt wohl faule Zoten reißen
Und uns um ein Gericht bescheißen?
Das kommt uns Gästen nicht gelegen
(Ich führ das Wort um aller wegen),

Verdiene einmal Dank.

Langt die Pasteten, bringt die Fladen,
Habt ihr zu Holzäpfeln geladen?
So wird der Herr in Schande stehen
Und muß das Gute holen gehen.
Nun schau, was es dir nutzen kann,
Weißt alles du von Anfang an,
Drum schick dich nur zu einem Fest,
Wenn man dich alles wissen läßt.

Grobianer sind holdselige Leute.

Geh aus dem Haus beizeiten dann,
Wär auch noch nicht die Stunde ran,
Daß du nicht bist der letzte dort
Und jedermann schon wär am Ort.
Den Nachbarn brauchst du rufen nit,
Den man auch hat geladen mit,
Du kannst den Weg allein wohl finden,
Die Zeit wird ihm ein Bote künden.
Laß alles liegen dann zu Haus,

Der erste bei Tisch, der letzte zur Arbeit.

Verfüge dich nur bald zum Schmaus
Und sei der erste von den Gästen,
Nimm von den Plätzen dir den besten.
Setzt du ins Haus den ersten Schritt,
So sprich: Ist hier kein Becher nit?
Wer langt mir her den kühlen Wein,
Beim Gastmahl will getrunken sein:
So kannst du dann verweilen frei.
Schau auch, wo gutes Essen sei,
Ein Stück von einer scharfen Wurst,
Dann kommt dir schnell ein guter Durst,
Ein Stücklein auch von einem Schinken,
Drauf tut es gut, recht viel zu trinken.
So labe dich mit gutem Mut,
Sauf weidlich, sprich: Der Wein ist gut,
Und ziehe dir ein Räuschlein ein,
So wirst du bald sehr fröhlich sein.
Dann sprechen gleich die andern Gäste,
Der ist im Kartenspiel der beste
Und reißt der guten Possen viel,
Treibt auch possierlich Affenspiel .
Wenn andere nicht kommen wollten
Zu solcher Zeit, da sie es sollten,
So mußt du helfen, sie zu bringen,
Mit Schreien, Jauchzen oder Singen,
Daß auf den Gassen jedermann
Dein lautes Treiben hören kann.
Erfüll das Haus mit solchem Schall,
So hören's die Geladnen all.
Huste, furze, schneuze dich,
Daß jene Gäste rüsten sich,
Die dein Gebaren so vernehmen

Sei unverschämt genug.

Ein Mahl wie bei den Tempelherren

Der läutet mit der Sauglocke.

Periculum est in mora.

Brauche dich, Knebel!

Und sich vom Gastmahl weg bequemen,
Daß jeder schnell davon bald rennt,
Als ob es in der Küche brennt.
Wenn du dir aber vorgenommen,
Daß du als letzter wolltest kommen,
So sollst du nicht zum Gastmahl gehen,
Bis ein, zwei Boten nach dir sehen
Und sprechen: Herr, Ihr solltet kommen,
Die andern haben Platz genommen.
Sprich du: Geht hin und sagt, ich eile,
Verharre drauf jedoch mit Weile
Und laß nicht eher dich erblicken,
Bis weitre Boten man wird schicken;
Laß dich anflehen, mach dich wert,
Wenn deiner man so sehr begehrt,
Laß dich's nicht zum Verdrusse büßen,
Weil alle auf dich warten müssen.
So denken diese mit Respekt:
Der Mann wohl in Geschäften steckt
(Womöglich großer Herren wegen),
Daß ihm das Fest käm ungelegen:
Das gib selbst vor mit rechter Stärke,
Daß man nicht deine Grobheit merke.
Wenn aber hätt der Herr im Haus
Gemeint, du würdest bleiben aus,
Wenn angerichtet wär alsdann,
Schon sitzen würde jedermann
Und für dich wär kein Platz am Orte,
So sprich zum Herren solche Worte:
Hat Ungnade mich schier getroffen,
Daß keinen Platz ich kann erhoffen?
Hier sitzt schon Mann und sitzt schon Weib

Wie die Säue zum Trog.

Halsstarrige Grobianer. Obstinata gens.

Dies ist der Grobianer Art.

Und niemand fragt nach, wo ich bleib.
Will so man Ehre mir erweisen?
Wohlan, dann will ich gleich verreisen.
Und tu, als wolltest du fortgehen,
So wird der Hausherr gleich aufstehen,
Wird sagen, du seist wohl gelitten,
Und dich um deine Freundschaft bitten,

Wenn man einen Bauern bittet, so wächst ihm der Bauch.

Wird sprechen: Herr, zürnt mir nur nicht,
Da steht wahrlich erst ein Gericht,
Nehmt Platz bei uns, greift zu geschwinde,
Daß jeder rechte Kurzweil finde.
Er gibt dir dann die schönsten Worte,

Absit, das wäre crimen laesae maiestatis.

Plaziert dich an dem besten Orte.
Doch sollte es denn anders gehen,
Daß keiner vor dir auf wollt stehen,
Und du sähst eine leere Statt
(Die sicher reserviert man hat
Für einen Herrn, wer es auch sei),
So setz dich hin, sei schier so frei.

Tarde venientes, male sedentes.

Der erste trifft es stets am besten,
Nicht wer zuletzt kommt von den Gästen,
Denn dieser findet kaum zu fressen,
Wird (leider) oftmals glatt vergessen.

Ungehemmt wirf Gläser auf dem Tisch um.

Mir fällt noch ein dies weitre Stück,
Mit dem du kommst zu deinem Glück,
Wenn niemand dir gar weichen wollte
(Wie man es dem Grobianer sollte);
Steig übern Tison, spring hinein,
Wirf Gläser um, verschütt den Wein,

O ungeschickter Grobian.

Bescheiß den Tisch mit all dem Dreck,
Der an den schmutz'gen Schuhen steck,
Tritt auf das Tischtuch, auf die Teller,

Laß bremsen dich um keinen Heller,
Dazu hast du gut Fug und Recht,
Warum sind sie so grob und schlecht,
Fehlt ihnen im Gehirn der Witz,
Dir anzubieten einen Sitz?
Und sprich: Die Schuld tragt ihr allein,
Daß ich gar wüte wie ein Schwein.
Es sind so viele, die behende
Sich waschen stets zuvor die Hände,
Eh sie sich an die Tafel setzen
(Wo man sich soll mit Dank ergötzen);
Weiß nicht, wie ich es halten soll,
Die Sitte finde ich nicht toll,
Denn nicht nur ist kein Nutz dabei,
Hör nun, warum es schädlich sei:
Die Kälte schadet bald dem Herzen,
Dadurch kommt Krankheit, Not und Schmerzen.
Beim Herzen, welches klar und hell,
Liegt ja des Lebens warmer Quell,
Die Hitze niemals von ihm geht,
Solang es wohl ums Leben steht.
Viel Adern ziehn sich durch die Hände,
Vom Herzen her ins fernste Ende,
Durch die das Blut zieht hin und wider
Im ganzen Körper auf und nieder.
Wenn du die Hände nun abkühltest,
Weil du sie in das Wasser hieltest,
So lief zum Herzen schnell die Kälte,
In dem sich gleich der Frost einstellte,
Von ihm aus in den Körper schlich,
Daß nichts sobald erwärmte dich.

Wüst macht feist.

Das Leben ist edel, ihr Grobianer hütet euch.

Bedeute, wie mancher Mensch wohl stirbt,
Der elend in dem Frost verdirbt.

Non est in medico semper relevetur ut aeger.

Die Körperwärme schnell entschwindet,
Was manche schlimme Krankheit gründet,
Die noch kein Arzt vertreiben kann,
Drum nimm des Waschens dich nicht an.
Daß Kälte nicht schlag in die Glieder,

Ja, ließest du die großen Güss, du wärst des Zitterns nicht gewiß.

Daß nicht die Finger liegen nieder,
Nicht zitterst du wie Espenlaub,
Drum ach, mein lieber Grobhard, glaub,
Es ist für dich nur eitel Gift,
Wenn Kälte dich ins Herze trifft.

Wenn das Blut gerinnt, so ist der Tod nicht weit.

Vom Frost gerinnt dein edles Blut
(Das dünkt den dürren Reiter gut)
Und macht dir einen kalten Fluß,
Das rät dir ja kein Medicus.
Drum denke dran, o grober Narr,
Sollst du dich waschen Jahr für Jahr,

Es ersaufen mehr im Wein denn im Wasser.

So kappt Atropos bald den Faden,
Das wär für dich von großem Schaden,
Es schnitte dir das Leben ab
Und führte dich ins frühe Grab.
Drum acht es nicht als deine Pflicht,
An Ursachen gebricht es nicht,
Daß du die Hände waschen mußt,
Wohl dir, so du dasselbe tust,

Ob du schon bleibst ein Knebel.

Und kehre dich um keines Sagen,
Denn wirst du krank, mußt du es tragen,
Und keiner schaut, wie es dir geht,
Wie es um die Gesundheit steht,
Ein jeder spricht: Es tut mir leid,
(Das ist des Grobians Bescheid),

Denn die dir gäben Hilf und Geld,
Die findest du nicht in der Welt,
Das sei dir hiermit klar gemeld't.
Doch wenn du je willst waschen dich,
Da alle Gäste säubern sich,
So greif als erster zu dem Potte
(Denn so geziemt es deiner Rotte),
Was fragst du, ob ein andrer sei
Viel ehrlicher als deiner drei,
Ob er geschickter sei als du,
Gehört's doch Grobianern zu,
Daß sie nicht Sitt noch Stand ansehen,
Nur, was sie wollen, soll geschehen
Es kann nicht deiner Ehre schaden,
Auch du bist ja zu Gast geladen.
Dann wasche Finger, Nase, Mund,
Das ist für deinen Kopf gesund.
Und wäre dir vielleicht zu heiß,
So wasch die Stirn von allem Schweiß
(Fein ist, wer sich zu schicken weiß).
Wenn du dich dann gewaschen hast,
Gezeigt, was du bist für ein Gast,
Der bald das Wasser trübe macht,
So geh hinweg und hab drauf acht,
Daß andre Gäste auch eintauchen
Und das kredenzte Wasser brauchen
Und wischen ihren Mund damit,
Dünkt es sie gut, stör es dich nit.
Dieweil sollst du dich fleißig spitzen,
Wie du noch obenan kannst sitzen.
Daselbst sollst du dann ruhig bleiben,
Kein Gast wird dich des Orts vertreiben.

Mach dich als erster zu dem Faß, so sitzt du später desto baß.

Ja zu einem breiten Rinderfladen

Un dreít pitaud de village.

Und schaue auch zur selben Zeit,
Was wohl die Tafel hält bereit,
Ob alt das Brot, ob frisch es sei,
Ob gute Semmeln sind dabei.
Denn grobes Brot, schwarz wie die Kohl,
Schmeckt keinem Grobianer wohl:
Wie's in Westfalen ist der Brauch,
Das kommt uns nicht in unsern Bauch.
Jedoch gar schöne weiße Wecken,
Die mögen Grobianern schmecken,
Ganz wohlgebacken, weiß wie Schnee,
Auf solche Semmeln ich nur steh.
Wenn dann die andern zanken sehr,
Wer hierher, dorthin wohl gehör,
Auch sonst nur sitzen an dem Tisch
Und keiner ist zum Essen frisch,
So greife zu, nimm ein paar Wecken,
Die sollst du in die Tasche stecken,
Such heimlich sie beizeit zu kriegen,
Wenn sie auch vor dem Nachbarn liegen.
Wenn dann das Weißbrot alle ist,
Weißt du, daß du versehen bist.
Und wenn sie ihres Hungers Not
Da stillen mit dem schwarzen Brot,
So nimm du einen Wecken fein
Und beiß die Stücken nicht zu klein
Und sprich: Das konnte ich ermessen,
Daß Schwarzbrot bald ihr müßtet essen,
Drum hab ich meiner nicht vergessen.
Das wird den andern Gästen allen
Mit Sicherheit sehr wohl gefallen,
Ob dieser Kunst wird wundern sich

Hospitium vile, starkes Bier, schwarzes Brot, lange Wege sunt in Westphalia, si non vis credere, gehe hin.

Versorg dich wohl mit Proviant, das ist in unserer Schul kein Schand.

Du bist zu loben vor allen dicken Bauern.

Ein jeder Mann und loben dich,
Und mancher wird dir's gucken ab,
Daß Weißbrot ihn auch allzeit lab
(Woran ich sehr Gefallen hab).

Das andere Kapitel

Wie man die Kost loben und sich mit heißer Speise und dem Gasthündlein halten soll

Animus est in patinis. Säume dich nicht, es gilt!

Darauf ich dich zu achten heiß:
Was man setzt auf den Tisch für Speis,
So greif als erster in die Schüssel
Und fülle dir den groben Rüssel,
Wie du zu Anfang hast gehört
Und ich dich treulich hab gelehrt.

Empfehle dich wie ein Hund, der Töpfe zerbricht. Momus omnia carpit.

Was du auch äußerst an der Tafel,
So sage allzeit dumm Geschwafel.
Obschon die Kost sei recht und gut,
Daß jedermann sie loben tut,
So suche doch sie zu taxieren,
Den Koch damit wohl zu vexieren.
Sprich: Köche haben seltne Weise,
Daß sie versalzen manche Speise,
Daß Salz gar liegt auf einem Haufen,
Ich werde mich zu Tode saufen;
Dies ist noch roh, jenes verbrannt,
Das Essen ist wohl eine Schand,
Dies süß, das bitter wie die Galle

Mach dir einen gewogenen Koch.

(Schrei laut, dann hören es auch alle),
So wird der Koch in Schanden gehen
Und darf sich nicht mehr lassen sehen,
Wird merken, wie er angelegt
Sein Mühen, Sorgen unentwegt.
Auch wird der Herr den Grund dann suchen,
Den Koch drauf zu dem Teufel fluchen:

Mein Koch, was bringst du mir für Schaden?
Da hab ich Gäste mir geladen,
Vermeinte sie zu laben wohl,
Geh hin, daß dich der Teufel hol,
Nicht wenig Lust ich jetzt verspüre,
Daß ich mit Füßen dich traktiere:
So fürchtet sich der Koch für heute,
Darf nimmer kommen vor die Leute.
Damit wirst du viel Lob erlangen,
Daß du die Posse angefangen:

So lach in die Faust, wie es der Schwätzer Gewohnheit ist.

Denn das gebührt dir in der Summ,
Sitz nicht bei Tisch, als wärst du stumm.
Schau nur, daß dir das Maul nicht stehe
Und allzeit wie die Windmühl gehe.
Entweder schwatze, schnatter mit,
Oder spare mit dem Essen nit,
Denn beides zeigt sodann schnell an,
Was du für ein geschickter Mann.
Wenn deine Grobheit auch nicht weiß,

Jawohl, ein rechter Grobian

Daß etwa wär die Kost zu heiß,
Und du dein Maul verbrennst damit,
So tu beileib dergleichen nit,
Verstelle dich nur, wie du es magst,
Daß keinem du die Warnung sagst:

Bei diesem Stück sieht man den großen Neid der Menschen.

Laß andre auch verbrennen sich,
So kann man nicht vexieren dich
Und stoßen auch an deinen Stein,
Da du gestrauchelt nicht allein.
Denn hättest du das nicht getan,
Trüg man dir Spott und Schaden an.
Doch sollst du nicht verbergen das,
So steht die Grobheit dir noch baß,

Das heißt den Säuen anrichten.

Wenn du das Kraut nimmst aus dem Rüssel
Und wirfst es wieder in die Schüssel:
Auch spuck's dem Nächsten in die Fresse,
Daß er vom heißen Kraut auch esse.
Doch sollte ich dich das nicht lehren,
Es will nicht gut hierhergehören
Und ist fürwahr schier gar zu grob,
Bringt Dank dir nicht und auch nicht Lob.

Es gehört Asche in den Blasebalg.

Nun will ich dir ein Kunststück nennen,
Daß du dein Maul nicht mußt verbrennen.
Hör: Kommst du mehr zu solchen Sachen,
So sollst du dicke Backen machen,
Sie blasen auf wie derbe Knollen,
Die auf der Sackpfeif blasen wollen;
Blas in die Kost, daß es drin saust,
Als ob ein starker Wind her braust
(So kühlst dein Essen du damit,

Blase tüchtig, so kommst du flugs davon.

Denn leicht zu blasen hilft dir nit)
Wie der Äolus mit den Winden,
Als keinen Weg sie konnten finden,
Bis sie aus ihrem Kerker schwanden
Und mit Gewalt den Ausgang fanden,
Wie aus dem Ätna ungeheuer
Hervorbrach ein gar schrecklich Feuer.

Dann möcht man dir das Haar zerzausen, mit eichnem Kolben es dir lausen.

Gut Tischzucht ist es auch, glaub mir,
Wenn du dem Nächsten neben dir
Solch Essen bläst ins Angesicht,
Daß er vor Kraut kann sehen nicht,
Das werden viele von dir preisen,
Die werden auf den andern weisen
Und sagen, ihm sei recht geschehen,
Sie wollten's öfter von dir sehen.

Auch wo du hin geladen bist
 (Wie vieler Leut Gewohnheit ist):
Vor allem sorge stets dafür,
 Daß einen Hund du nimmst mit dir,
Den sollst du setzen neben dich;
 Wenn er dann wollte melden sich,
So sprich: Er hat nichts ausgefressen,
 Dann wird sein Knurren man vergessen.

Quid canis in balneo? Reize die Hunde auf, wie mästen sich die Bauern so übel.

Bist du sein Herr, so schütz ihn auch,
 Verhalte dich nicht wie ein Gauch,
Gib ihm dazu das beste Fleisch,
 Daß er vergeblich nichts erheisch.
Besonders liebt ihn jedermann,
 Wenn er nur weidlich bellen kann
Und scharrt und heult und winselt sehr,
 Falls er nichts hat zu fressen mehr,

Kyniker, gib dem Hund das Wort.

So lobt alsbald die ganze Runde
 Dich selbst mit deinem guten Hunde.
Dann streichel ihn, fang seine Flöhe,
 Sprich: Diese tun dem Hündlein wehe,
Drück diese auf den Teller dann,
 Das facht der Gäste Freude an.

Ein adliges Jungfrauen-Hündlein wie der Zerberus in der brennenden Hütte.

Sehr derben Namen er verdient
 (Der seiner Häßlichkeit geziemt),
Ruf grobianisch ihn nur an,
 Daß man darüber lachen kann.
Dann laß dich im Gesichte lecken,
 Die fett'gen Finger auch beschlecken
Und laß ihn laufen auf dem Tische,
 Daß seine Nahrung er erwische,
Denn löblich steht es ihm wohl an,
 Wenn er so fein drauf laufen kann.

Man lernt einen Grobianer an seinem Hund kennen.

Füll die Wurst.

Nun weiter: Wenn du ißt die Speise,
  So halte dich auf solche Weise:
Stoß rein und füll die Backen aus,
  Daß wie ein Pfeifer du bläst draus,

Der Strauß verdaut Eisen, die Grobianer möchten auch noch etwas verdauen.

Und laß das Essen dir behagen,
  Als hättest du 'nen Straußenmagen.
Doch wär die Kost zu mager dir,
  So weiß ich einen Rat dafür:
Wenn du reinschlingst zu große Klumpen
  Und kannst nicht zwingen solche Grumpen,
So trinke, halt dich nicht zurück,
  So rutscht hinab manch großes Stück.
Laß Krümel in den Becher fallen,
  Bringt es auch Zuspruch nicht von allen,
Du weißt doch, daß der Wein, das Brot
  Uns tut zu unserm Leben not,
So mischt man Speis und Trank im Leibe,
  Daß Leib und Seel zusammenbleibe.
Daneben sollst du nicht vergessen,

Sei der Hunde Kredenzer.

  Daß du dem Hunde gibst zu fressen,
Was selber dir war ungesund,
  Das nimm und wirf es hin dem Hund,
Denn was dir nicht wohlschmecken tut,
  Ist für die armen Tiere gut,
Sie müssen auch gefressen haben,
  Will niemand sie zum Lohn erlaben:
Denn könnten ihre Not sie sagen,
  Sie würden wohl ihr Elend klagen.
Auch sollst du dessen dich befleißen,

Mach einen Rumor unter dem Tisch.

  Daß sich die Hunde kräftig beißen,
Wenn du wirfst etwas auf die Erde,
  Dadurch ein Gast gebissen werde,

So hab mit ihm Bedauern nicht,
  Betrachte es als deine Pflicht:
Man muß den Hunden etwas geben,
  Sie können von der Luft nicht leben.

DAS DRITTE KAPITEL

Welche Hofzucht mit Tellern zu treiben, wie es mit Trinken zu halten und wann aufzuhören sei

Balthea laxabis, ad mensam quando meabis.

Wenn du dann von der ersten Speise
Den Bauch gefüllt hast in der Weise,
Daß er sich bläht und dehnt dann aus,
Als würde eine Trommel draus,
So haben wir dich schon gelehrt,
Was für Arznei dazu gehört:
So dir der Gürtel ist zu enge,
Schnall ihn nur ab in ganzer Länge

La belle contenance des lourdaux.

Und löse ihn fein auf im Nu,
So finden deine Lenden Ruh,
Die Speis ist, wo sie hingehört,
Und nichts mehr die Verdauung stört.
So füllst du dann noch viel hinein
(Beim Gastmahl will gegessen sein),

Hinweg mit diesem Teller, einen anderen her.

Und höre, was dir weiter frommt,
Wenn man die Teller holen kommt:
Wie man gewöhnlich da verfährt,
Wenn einer neue Kost begehrt.
Wirf hin den Teller du geschwind
(Auch wenn die andern noch nicht sind
Soweit und wollten gern noch prangen
Und keiner seinen Teller langen),
Wirf ihn nur in den Korb hinein,

Was geht dich sein Teller an.

Der Anfang muß ja einmal sein.
Des Nachbarn Teller greif nicht an,

Ein jeder ihn selbst heben kann
Und zu den andern werfen gar,
So wird er frischer Kost gewahr.
Danach sollst du dich auch nicht schämen — *Zu mir her, ich bin es.*
Und gleich den ersten Teller nehmen,
Der dir zusteht mit gutem Recht;
Wenn auch so will nicht gleich der Knecht,
Nimm ihn aus seiner Hand und sprich:
Landsmann, der Teller ist für mich.
Wenn etliche es gerne treiben — *Die Metzenknechte*
Mit Jungfrauen und schönen Weiben,
Den ersten Teller ihnen reichen,
Um Tischzucht-Lob drum einzustreichen,
So tu das nicht, folg meiner Lehre
Und hüte dich vor dieser Ehre:
Du weißt ja schon, mein grobes Kind, — *Mundus nunc aliter sapit.*
Wie jetzt wohl ist die Welt gesinnt.
Willst du dir selbst behilflich sein,
So laß dich nicht mit Weibern ein:
Die Männer können's nicht verstehen, — *Grobianer schimpfen bisweilen zu grob.*
Willst du mit Frauen viel umgehen.
Zu scherzen mit den Weibern allen,
Will nicht gar jedem wohlgefallen: — *Es kann nicht ein jeder den Spaß verstehen.*
Der eine mag's, der andre nit,
Du kennst nicht jedes Brauch und Sitt.
Du siehst, wie es jetzt (leider) geht,
Daß alles man schnell falsch versteht — *Man sollte wohl lügen wie Leopold, der schiß hinter den Ofen und sprach, es stinke in der Stube.*
Und alles legt gern böse aus,
So wächst schnell Zank und Hader draus,
Hast du nur gut es auch gemeint,
Mißzuverstehn es mancher scheint:
Kommst du den Weibern lustig gar,

So nehmen es die Männer wahr
Und sind voll Wut sogleich auf dich,
Wer kann vor Argwohn hüten sich?
Drum halte dich zurück, gib acht,
Die Männer sind oft unbedacht,
Daß du nicht büßen mußt beizeiten
Mit deiner groben Haut das Streiten.

Hebe es wieder an, wo du es gelassen hast.

Hat man die Teller weggenommen
Und will kein andres Essen kommen,
So laß die Zähne nicht lang ruhn,
Damit der Bauch stets hat zu tun.
Wenn du noch nicht gesättigt bist,
Wie dir das wohl vonnöten ist,
So nimm vom ersten Gang dir wieder,
Leg's auf den frischen Teller nieder,

Ein Knebel verbirgt sich nicht, Säue tun allzeit nach ihrer Sitte.

Beschmier ihn wohl auf grobe Weise
Mit Pfeffer oder andrer Speise,
Weil man sonst nichts auftragen will
(Obschon die Gäste sitzen still
Und niemand ißt): So reg du dich,
Sprich, warum nicht, es hungert mich,
Wenn ich nicht trinken sollt und essen,
Warum hätt ich am Tisch gesessen?
Es ist althergebrachte Sitt,
Wer weidlich ißt, der hungert nit.

Da tust du der Hausfrau einen Liebesdienst.

Stellt man dann frisches Essen hin,
So greife zu, schaff dir Gewinn,
Es sei vom Braten, sei von Fischen,
Doch sollst du erst den Teller wischen,
Den du zuvor beschmiert allein;
Reib artig ihn am Tischtuch rein,
Wie kostbar dieses auch mag sein,

Zum Wischen liegt es dort allein:
Es wird damit gedeckt der Tisch,
Daß jeder dran den Teller wisch
Und wohlbeschmierte feiste Hände
Dran reiben können ohne Ende;
Die Finger, das beschmutzte Maul,
Wisch alles dran, sei nur nicht faul,
Gebärde dich so, wie du magst,
Daß nur den Hunger du verjagst.
Trägt man dir dann die Ehre an
Und hält dich für den größten Mann,
Daß auf dich wartet jeder Gast,
Bis du wohl nach der Speise faßt:
So sitz in deiner Grobheit steif,
Daß niemand nach dem Essen greif
Und sie die Löffel halten still,
Weil Grobhans noch nicht essen will:
Sehn sie gespannt dir auf das Maul,
Bleib du in deiner Grobheit faul.
Halt prächtig dich, das ist mein Rat,
Wenn auch ein andrer Hunger hat.
Denn machtest du dich gar gemein,
So würde schnell dein Ansehn klein;
Fingst gleich du mit dem Essen an,
Als wärest du wie jedermann,
Gäbst vielen auch ein gutes Wort,
So fragt der hier, der andre dort.
Drum mische dich nicht unter Kleie,
Es fräßen dich sonst wohl die Säue.
Denk stets daran, nimm keinen Bissen,
Eh man dich bittet drum beflissen.
Dann labe dich, greif alles an,

Grobe Leute haben oft mehr Glück als ihnen gebührt.

Nos poma natamus.

Er hat sechs Sinne im Haupt.

Das Zeislein mag nicht vier Wochen verdauen.

Benimm dich wie ein Grobian.
Wenn fasten nun die andern Leut,
So biete ihnen Zeitvertreib
Mit Singen, Lachen, plumpen Possen,
So lachen alle Tischgenossen.
Das solltest du ausgiebig treiben,
Daß andre unverköstigt bleiben,
Die sich nur üben in Geduld,
Weil sie erhoffen deine Huld.
Stütz dich auf deine Ellenbogen,
Das hebt dein Ansehn, ungelogen,
Leg auch den Kopf auf diese nieder,
Das steht dir gut und wirkt sehr bieder,
Und leg die Backen in die Hände,
Tu nur, wonach dein Sinn dir stände.
Auch lehn zurück dich mit Bedacht,
Als wärst ein Mann, den jeder acht't.
Wird dir die Posse dann zu groß,
So leg die Hände in den Schoß,
Du kannst dir wieder Gutes tun,
So du erblickst ein Braten-Huhn.
Führ weiter auch dein Tellerspiel
Und klapper mit dem Messer viel,
Erprobe dich im Fantasieren,
So wirst du unsern Orden zieren.
Beim Nachtmahl trink viel Alkohol,
Das füllt den Magen, tut ihm wohl.
Behaupte allzeit diese zwei:
Das Weinglas und das Tischgeschrei.
Wenn dich die andern dann erweichen,
Auch ihnen das Geschirr zu reichen,
Sie litten unter großem Durst,

Der Volle und der Leere, die sagen ungleich Märe.

Ignaum pecus. Was ihm schmeckt, das ißt der Schelm mit grober Lust.

Hab die Fingerlein feil.

Fantasiere wie ein Stockfisch.

Lösche, es brennt.

Caput tibi fumat, ne quis ignis te consumat, stingue mero citius.

Sprich: Laßt euch braten eine Wurst,
Ich muß erst löschen meinen Brand,
Der mich sonst bringt um den Verstand.
Dann schrei nur laut und jauchze frei
Und trinke nicht, bis dir so sei.
Beim Trinken bleibe allzeit faul,
Wisch weder Nase noch das Maul.
Desgleichen ist ein Kinderspiel,
Darauf sollst du nicht achten viel.
Nimm dich der großen Händel an,
Weil dir die Nase gleich sein kann,
Laß sie nur tropfen ungeniert,
Daß alles zu dem Ursprung führt,
Und zieh den Rotz gleich wieder ein,
Du mußt auch etwas achtsam sein.
Denn alles geht in einen Magen,
Dein Bauch mag es gar wohl vertragen,
Zerteile nicht und führe ein,
Was gern will beieinander sein,
Es sei vom Trank, vom Fleisch, von Fischen,
Sorg du dich nicht, es wird sich mischen.
Wenn du das Maul dann säubern wolltest,
Am Tischtuch du es reiben solltest:
Besonders, wenn es rein und schön,
Wird ihm ein Flecken zierlich stehn.
Auch ist es vielen gar nicht fremd,
Daß einen Ärmel von dem Hemd
Sie ziehn hervor und wischen sich,
Des sollst du auch befleißen dich.
Dann trink mit wohlgewischtem Mund
Den guten Zug, das ist gesund,
Dem Nächsten reich den Becher dar,

Hat ein liederliches Näslein, es trieft wie Balsam.

Zeichne das Tischtuch, so sieht man, wo du gegessen hast.

Schaff dir Räume, daß dein Groß-maul nichts versäume.

Wenn er auch nicht bedürftig war
Und ihn nicht hat von dir begehrt,
So du ihn gar hast ausgeleert,
Daß dich der Becher nicht mehr stör,
So schieb ihn zu dem Nachbarn her.
Laß dir auch nicht den Weg verlegen,
Daß du die rechte Hand kannst regen.
Du kannst allzeit den Becher greifen,
Magst, wenn du willst, wohl nach ihm
pfeifen.

Hat auch krank in dem Spital gelegen.

Wenn aber nun dein Nachbar auch
Gefallen findet an dem Brauch
Und seinen Becher stellt vor dich,
So magst du sprechen züchtiglich:
Mich dürstet augenblicklich nit,
Und stelle ihn zurück damit.
Will er nicht dulden dein Gebaren,
So sollst du mit ihm so verfahren.

Wo hab ich Säue mit dir gehütet?

Schrei überlaut: Du großer Flegel,
Wofür siehst du mich an, du Kegel?
Daß du mir vorsetzt dein Geschirr
Und machst mich gar beim Essen wirr,
Da grade jetzt nicht dürstet mich,
Warum setzt du es nicht vor dich?
Meinst du, es sei mir angenehm,
Daß ich eng sitz und du bequem?

Sic ars deluditur arte, tu quoque fac simile.

Der Tisch ist so schon schmal genug,
Du meinst wohl, ich sei nicht so klug,
Daß ich durchschau den Wagemut,
Der dir beim Fressen kommt zugut,
Dieweil ich fasten muß dann so?
Geh, treib die Possen anderswo:

Du mußt dir einen andern suchen,
Dazu magst du ihm tapfer fluchen,
Scheltworte geben manches paar,
So reicht er kein Geschirr mehr dar.
Dazwischen trink in langen Zügen,
Bis alle dann dem Wein erliegen.
Wenn einer sich wohl drücken woll,
So dräng ihn, daß er trinken soll,
Und sorg, daß keiner leer aufstehe
Und nüchtern von der Tafel gehe.
Dabei dient dir in dieser Runde,
Was du auch treibst zu dieser Stunde,
Es ist dem Trunke zuzumessen,
Und morgen ist es schon vergessen.
Spricht dennoch einer dich drauf an,
So sag, der Rausch war schuld daran,
Dann wird er gut gleich mit dir sein,
Dich wieder führen zu dem Wein.
Es ist bei vielen Gästen Sitt,
Daß sie gemeinhin bringen mit
(Damit sie ehrenvoll bestehen,
Wenn sie zu Gastereien gehen)
Ein jeder guten Weins ein Maß,
Den er die Gäste kosten laß,
Da will ein jeder erster sein:
Der bietet guten Wein vom Rhein,
Der ist vom Elsaß her gesandt,
Der dritte aus Italien-Land,
Auch bringen manche Frankenwein
Und sonst noch andre Sorten fein,
Von denen sie erhoffen können,
Daß so den Wettstreit sie gewönnen,

Hilfe bei St. Urbans Plage.

Grobianer begehren mehr zu nehmen denn zu bringen.

Auch solche, die man ausgedacht,
Die sind mit Zusätzen gemacht:
Wie Morolf, Zitwen, Alantwein
Und wo man rote Beern gibt drein,
So tut ein jeder dann das Beste,
Weshalb willkommen sind die Gäste,
Alterius siccas pocula, nemo tua.
Du aber laß das Schenken sein,
Wer dir gibt Brot, der hat auch Wein:
Hat er viel Gäste eingeladen,
So trag er auch getrost den Schaden.
Spar du die Kosten für den Wein,
Bringt Schande es dir auch wohl ein:
Denn wenn du Wein sollst tragen mit,
So brauchst die Einladung du nit.
Sollst je du aber Wein mitbringen,
So nimm nur schlechten und geringen,
Denn dieser mundet keinem Gast,
Was künftig dir dann nimmt die Last.
Vorsicht ist ein schöne Tugend, wenn sie recht gebraucht wird.
Wird eingeschenkt von andern Leuten
Ihr Wein, so schaue du beizeiten,
Versuche alle, sei so frei,
Sieh, welcher wohl der beste sei,
Den fordre ohne viel Bedenken,
Heiß dir damit das Glas vollschenken,
Ihn hinter deinem Stuhl plazier,
Daß nicht ein jeder Knoll probier:
So trinkst du diesen Wein allein
Und teilst ihn nicht mit andern ein;
Denn zu besorgen wohl sonst wär,
Der Wein käm nimmer zu dir her,
Das Maul du könntest nicht mehr tränken,
Das sollst du alles wohl bedenken,

Versorgen dich damit beizeiten,
So mußt du keinen Mangel leiden.
Wenn du dann nun ein Räuschlein hast,
Bist du ein ausgelassner Gast,
So treib dann Possen mancherlei,
Mit groben Zoten, viel Geschrei.
Auch magst ein feines Liedlein singen,
Daß es im ganzen Haus soll klingen,
So ist der Hausherr guter Dinge,
Daß er wen hab, der für ihn singe.
Der Temperamente gibt es vier,
Die einen Menschen prägen schier,
Durch die ihm zuwächst solcher Mut,
Wie die Natur ihn fordern tut.
So bringt wohl die Melancholei,
Daß einer faul, grob, traurig sei.
Cholericus, der brennt von Zorn,
Ein gutes Wort ist glatt verlorn.
Das Phlegma kann ich loben nit,
Man hat nur Kälte, Rotz damit.
Jedoch den Sanguinicus
Ein jeder Arzt wohl preisen muß,
Der ist zum Handeln stets bereit,
Verbreitet allzeit Fröhlichkeit:
Der übt sich, läuft, tanzt oder springt,
Der lacht und witzelt oder singt.
Drum singe auch mit lautem Schalle,
So denken gleich die andern alle,
Du bist blutreicher Eigenschaft
Und hast in dir viel Freud und Kraft.
Das imponiert den Weibern allen,
Drum laß das Schwätzen dir gefallen

Foecundi calices quem non fecere dissertum.

Die vier Ausdrucksweisen des Menschen.

Der Grobianer Ausdrucksweise ist wohl temperiert.

Eigenschaften der Grobianer

Ist ein feiner (G) Esel(l)

Vom Tanzen, Freudenspiel und Springen,
Von Jauchzen, Höflichkeit und Singen
Und was dergleichen ist im Schwang,
Damit verdienst du großen Dank.

Der Weinschläue Hofrecht

Wenn jemand dir den Becher brächte
Und dessen doch nicht gleich bedächte,
Daß er ihn flugs dir setze her,
Im Trinken selber langsam wär,
So nimm den Becher ihm vom Mund,
Sprich: Dieses ist dir ungesund,
Du gehst zu lange um damit,
Ich kann so lange warten nit.

Bis dat, qui cito dat.

Wer etwas gibt und gibt es schnell,
Der ist ein guter Zechgesell.
Drum frag ihn, ob er wär zu faul,
Wie lang er hält den Trunk am Maul.

Sei kein Geck. Hast du was, gib's nicht hinweg.

Wohlan, hast du den Becher dann,
So sauf daraus, halt ihn am Mann,
So will ich dich die Regel lehren,
Wann du zu trinken auf sollst hören.

Des Müllers Esel weiß es besser.

Denn mancher Knoll ist nicht so klug,
Daß wüßte er, wann es genug;
Sei dieser Proben auf der Hut,
Sie tun dem Grobianer gut:
Zum ersten solltest du verstehen,
Falls dir der Atem will ausgehen,
So mache eine kleine Rast,

Hole Atem.

Bis daß du wieder Atem hast:
Auch halt das Maul nur eine Weile,
Daß dich die Luft nicht übereile.
Das ist ein rechtes Meisterstück,
Dafür bekommst du Lob und Glück.

Die zweite Prob ist, liebes Kind,
Wenn aus den Augen Wasser rinnt,
Sie tropfen wie die jungen Reben,
Wenn sie das pure Wasser geben,
Das steht dir gut, wenn Bacchus' Quell
Dem Aug entspringt so klar und hell,
Wie ein Rubin die Nase leuchtet,
So hat der Wein sie gut durchfeuchtet
Die dritte Prob und auch die letzte,
Die, wie mich dünkt, gar sehr geschätzte;
Wenn du den klaren Boden siehst,
Daß du zu deinen Brüdern ziehst
Und sagst: Der Wein ist raus, ihr Schlucker,
Er ist gesund wie Rosenzucker.
Dann stürz den Becher, hüt dich sehr,
Daß du draus trinkst kein Tröpflein mehr,
Bis man dir bringt wohl andern Wein
Schenkt einen Becher voll dir ein,
So tu, wie eben ich bekunde,
Dann wirst du voll zu guter Stunde
Und wird die Regel ausprobiert,
Daß man nach Haus dich notfalls führt;
Auch: Wenn du ißt, schneid dicke Schnitten,
Solch Brot ziert wohl der Knollen Sitten:
Die sollst du in die Schüssel schneiden
(Du warst gebettet nie in Seiden),
So kannst du sie bequem wohl essen,
Und niemand kann sie dir wegfressen.
Den Hündlein wirft man Stücke dar,
Zerkrümelt und zerbröckelt gar,
Daß es wohl leichten Eingang hab
Durch enge Kehlen schnell hinab:

Wenn die Augen tränen und rot sind wie ein Krebs.

Küsse den Boden.

Schneide Schnitten, als wären Drescher da.

Des schämen sich mannhaft'ge Leut,
  Verschlingen's ganz zu jeder Zeit,
Denn sie besitzen weite Kehlen
  Und können ihres Wegs nicht fehlen;
Auch braucht es vorkaun niemand gar
  Wie Kindern wohl von einem Jahr.

Mummum, das Maul ist voll

Wenn dir zu reden nötig wär
  Und dir wärn nicht die Backen leer,
So red mit vollem Mund daher,
  Das ist mein Wille und Begehr;
Und blase beide Backen auf,
  Daß man dir schlüg die Trommel drauf.

Iß viel Wurst und wenig Brot.

Auch sollst du wohl beflissen sein,
  Den Bissen tunke oftmals ein,
Den du sodann leckst sauber ab,
  Damit dein Maul zu schlecken hab.

Lug auf andrer Leute Sitten, treib ihnen die Splitter aus den Augen.

Wenn du dich nun hast wohl gekröpft
  Und Wein genug ins Hirn geschöpft,
So schau dann auf die andern alle,
  Wie jedes Weise dir gefalle,
Bestrafe, was dich dünkt nicht fein,
  Fall andern in die Rede ein,
Und wer dawider sprechen will,
  Dem zürne nur, so schweigt er still.

Lern auch die Messer schleifen.

Sollst auch nicht gar ein Messer leiden,
  Das hochkant liegt mit seiner Schneiden,
Mit einem Eisengriff schlag drein,
  Darüber wird zu lachen sein:
Denn etliche zähln drauf gar frei,
  Wie weit bis Rom zu reisen sei,
Und schlagen viele Streiche derb,
  Das gibt dem Messer manche Kerb,

Und wenn die Stück geschlagen aus,
  So wird wohl eine Säge draus.
Die Posse geht bestimmt gut aus,
  Und du ziehst großen Spaß daraus,
Weil angenehm du jenem bist,
  Dem dieses Ding zu eigen ist,
Weil du danach beherzt gegriffen
  Und ihm die Scharten ausgeschliffen,
Daß er das Brot nun sägen kann,
  Und hat groß Wohlgefallen dran
  Und schaut, wem er's anlasten kann.

Es ist ein feines Stück.

Wird es um dich verdienen.

DAS VIERTE KAPITEL

Erzählt etliche Exempel, deren sich ein Grobianer als zu einem Vorbild bedienen mag

Ampla materia Grobitatis. Es sind noch viele gute Dinge, die ein Grobianer können soll.

Es wär dir noch viel Lehr zu geben,
  Zu führn ein grobianisch Leben,
Daß jedermann spürt unbestritten,
  Du hast gelernt die groben Sitten.
Sollt alles ich erzählen her,
  Die Arbeit wär mir viel zu schwer:
Ja, wäre ich Ovidius,
  Ist wohl der beste Philosophus,
So könnt ich alles nicht beschreiben,
  Drum soll beim nächsten es dann bleiben.
Doch will ich dir zulieb hierher
  So manch Exempel ungefähr
Von dummen, groben Sitten setzen,
  Den stumpfen Sinn dir zu ergötzen
Bis hin zu einem solchen Tag,
  Da beßre Weil ich haben mag:

Das Erlebnis eines höflichen Kredenzers.

Wohlan, so zügle dein Verlangen,
  Hör, wie's den Knollen ist ergangen.
Ein schönes Kerlchen, wie es war,
  Von einer Braut geladen war,
Da hätten schönes Bild die zwei
  Von Hochzeit in dem grünen Mai.
Ein Thüringer war der Geselle
  (Er heiß mit Namen, wie er wölle),
Der wollt zur Hochzeit reiten gar,

Weil er dazu geladen war.
Er ritt so sehr und war nicht faul,
Daß ihm bald hinkend ward der Gaul,
Weshalb verspätet er ankam,
Wo man ihn in Empfang gleich nahm.
Das lahme Pferd zog er zum Stalle,
Da saßen schon die Brautleut alle.
Ein solches Tempo er entfachte,
Daß er der Sporen nicht gedachte
Und sie nicht hatte abgelegt
(Was großen Anstoß hat erregt);
Nun höre, was der Arme tat,
Der keinen Platz gefunden hat.
Er wußte nicht, wo er sollt sitzen,
Begann vor Scham und Furcht zu schwitzen,
Zu kratzen sich hinter den Ohren,
Als hätt er Mut und Herz verloren.
So gaffte ihn ein jeder an
Und fragte: Wer ist dieser Mann,
Der hier so spät herein wohl tritt?
Ein andrer sprach: Ich kenn ihn nit,
Er muß der Braut ja sein verwandt,
Ein jeder sprach, wie er's verstand.
Der Bräutigam ging ihm entgegen,
Begrüßte ihn, er kam gelegen:
Setz du dich her zu diesen Schönen,
Sollst sie mit Höflichkeit verwöhnen,
Bedien die Frauen gut und fein –
Das jagt' ihm großen Schrecken ein.
Was, dachte der gesporte Knecht,
Da komm ich eben sehr zurecht,

Aus Eile kam nie ein Gut.

Die Grobianer sind unbedacht.

Hinter den Ofen.

Saepe in banquetis parlando cum dominabus passabis tempus dulciter ipse tuum.

Kein bessrer war wohl auserlesen
Ich bin im Frauenhaus gewesen,
In Bacchus' Hof, ich armer Tor,
Soll ich Jungfrauen legen vor?
Ach, Bräutigam, laß mich in Frieden,
Hofieren ist mir nicht beschieden,
Setz mich zu anderen Gesellen,
Da weiß ich mich auch recht zu stellen,
Was Jungfraun fehlt, wenn ich das wüßt,
Wie ihnen wohl zu dienen ist.
Hei, sprach der Bräutigam, sei froh,
Daß ehrenvoll du sitzest so,
Wie mancher es begehren tut,
Es geht ihm aber nicht so gut:
Setz dich, schweig still, sag nichts dawider.
Was sollt er tun, er setzt sich nieder
Zwischen zwei, ein schönes Bild,
Die waren züchtig, hübsch und mild.
Er saß da an dem schweren Ort,
Schwieg still und sprach kein einzigs Wort.
(Er dacht: Säß ich bloß auf dem Pferd,
Hab diesen Ort auch nicht begehrt.)
Schnell brachte man ihm höflich her,
Als ob er ein Bediener wär,
Gebratnes Huhn ihm, ihn zu ehren,
Der gute Mann konnt sich nicht wehren:
Wie soll ich nur das Huhn zerlegen,
All meine Kunst muß sich jetzt regen.
Man sprach: Greif an die gute Sach.
Ei laßt mir noch etwas Gemach
Und drängt nicht so mich armen Mann,
Da ich das Handwerk nicht wohl kann.

Gingest noch wohl in die Schule ein Jahr.

Non omnibus licet adire Corinthum.

Da gehört der (G) Esel(l) hin.

Das war eben seines Dinges.

Er dreht es hin, er dreht es her
  (Wenn ich des Huhns nur ledig wär!
War nicht ein andrer zu bewegen,
  Der besser konnt das Huhn zerlegen?)
Er blickt bald bös, sauer herab
  Und schneidt dem Huhn die Flügel ab
(Ich wette Batzen und auch Heller,
  Du fliegst mir jetzt nicht mehr vom Teller);
Der allerschönsten Jungfrau nun
  Wollt anvertrauen er das Huhn,
Hätt Adligen es vorgelegt,
  Nun hört, welch Unglück sich zuträgt,
Wie ihm durchkreuzt wird bald das Spiel,
  Das Huhn ihm von dem Messer fiel.
Was sollt der arme Reiter tun,
  Da unterm Tisch lag jetzt das Huhn?
O unglückselig Messerspitze,
  Du machst, daß ich in Schanden sitze
Sollt ich dich nicht zu Recht verfluchen,
  Daß unterm Tisch ich jetzt muß suchen?
Das Kerlchen wollt sich niederbücken,
  Um so das Huhn hervorzuzücken,
Damit er doch sein Werk vollbringe,
  Nun hört, wie es ihm damit ginge:
Die Hunde er zuerst vertrieb,
  Damit der Korpus liegenblieb.
Er bückt sich tief, es ward ihm bang,
  Das Huhn konnt er nicht finden lang,
Bis ihm der Atem ward zu kurz,
  Da ließ er einen lauten Furz.
Vor Ängsten ward dem Kerlchen heiß
  Daß ihm entfahren war der Scheiß,

Er kam auch unschuldig dazu.

Wett-Fritz

Da liegt's, sprach die gute Magd, da entfiel ihr das Kind beim Tanz.

Er war ein guter Patron für die Hunde.

Der ist heraus.

Blutrot ward ihm das Angesicht,
Mit Scham er da den Kopf aufricht't,

Der Saal ward ihm zu eng.

Dieweil des Huhnes er vergaß,
Zu bleiben er verlor den Spaß.
Er dachte, wie komm ich hier weg,
Mein grobes Stück war allzu keck.
Wär gerne übern Tisch gesprungen,
Es ist ihm aber nicht gelungen.

Unglück kommt im Haufen (selten allein).

(Man spricht, kein Unglück kommt allein,
Geschah ihm recht, wie ich wohl mein.)
Er eilte weg, hört, wie's ihm ging,
Das Tischtuch in den Sporen hing,
Und wie er ganz erschrocken floh,

Das Unterste zuoberst

Zog er das Tischtuch nach sich so,
Man konnte das verhindern nicht,
Und alles ward verschüttet schlicht,
Die Jungfrauen bespritzt wohl alle,
Die Gläser brachen von dem Falle,

Grobianer sollten nicht eilen.

Die Tür stieß er auf ungestüm,
Zu allem Pech begegnet ihm
Ein Knecht mit einer großen Platte,
Die er voll schwarzem Pfeffer hatte,
Denselben er im Laufen stieß,
Daß er den Pfeffer fallen ließ,
Da war der Pfeffer auch verträufelt.

Er mochte wohl singen: Verschütt hab ich das Hafermus.

Das Kerlchen sprach: Verflixt, zum Teufel,
Zum Unglück bin ich gar geboren,
Was ich anfang, das ist verloren.
Nun sprach im Saal bald jedermann,
Das ist ein rechter Grobian,

Nulla calamitas sola.

Daß er richt't solchen Schaden an.
Dann ist er nach dem Unglück allen

Auch noch die Trepp hinabgefallen,
Das hörten wohl die Brautleut all
Und sprachen: Was ist's für ein Fall?
Da war das Kerlchen schon im Stall.
Wie sehr eilt sich der jung Geselle,
Ihm war, als käm er aus der Hölle.
Sein Pferd gesattelt fand er dort,
Er saß schnell auf, schied von dem Ort.
Alsbald er auf das Feld rauskam,
Das hinkend Pferd beim Zügel nahm,
Führt's nach sich her und ging zu Fuß,
Des Possens mancher lachen muß.
Also räumt er das Feld mit Schanden,
Sein Messer aber kam abhanden,
Das hebt man auf zu hohen Ehren,
Die Grobianer all zu lehren,
Wie dieser sich gehalten hab,
Der allen ein Exempel gab.
Dem folge nach ohn alles Bangen,
So kannst Applaus du leicht erlangen.

Wäre kein Wunder gewesen, er hätte mit dem Stiefel die Hose zerrissen.

Es schickte sich zu andrer Zeit,
Daß einer hätt geladen Leut,
Die er gar wohl traktieren wollte,
Und als er jeden setzen sollte,
Da setzte er gleich nebenan
Zur Edelfrau den armen Mann:
Derselbe (wie sie würdig war)
Reicht ihr den schönsten Hechtkopf dar,
Den sie doch vor sich liegen ließ
Als ob ihr nur geziemte dies:
Sie nahm sich gleich, was sie gern wollte
(Denn wie sie es zerteilen sollte,

Ein guter Schwank von einem Hechtkopf

Er sollte es ihr dabei gesagt haben.

Nach Tischzucht, wie es sich gehört,
Des war die Frau gar ungelehrt,

In eine Scheuer gehört Haferstroh.

Auch bringt's ihr Müh und kaum Gewinn),
Den Rest warf sie den Hunden hin
Wohl unterm Tisch als deren Speise.
Als wohl der Nachbar sah die Weise,
Nicht länger er nun schwieg dazu,
Hob's von der Erde auf im Nu

Wie die Frauenzimmer zu Lourdemont.

Und sprach zu ihr erregt, unfroh:
Frau, wo habt Ihr gelernt es so,
Daß sich solch Unzucht in Euch regt.

Der kann es ihr zu Hause sagen.

In Ehren ward's Euch vorgelegt,
Das Haupt von diesem schönen Fisch,
So werft Ihr' s gröblich untern Tisch:
Wenn ihr es nicht austeilen wolltet,
So Ihr's zurück dann geben solltet.
Sie schwieg und sprach kein Wort dawider
Und schlug vor Scham die Augen nieder.

Es wären fast vier Hosen eines Tuchs.

Nun ratet, laßt mich nicht lang bangen,
Wer grobe Unzucht hat begangen
Und welcher wohl von diesem Paar
Lobs oder Scheltens würdig war.
Auch war noch sonst ein Jungfrau-Knecht,

Es ist ihm aus Versehen passiert.

Der wollt begehren höfisch Recht,
Vor schönen Töchtern wollt er prangen,
Ein Licht zu löschen bald erlangen,

Desgleichen manchem mehr geschieht, der meint, er habe es wohl ausgerichtet.

Der Töchter Schönheit ihn verwirrte,
Daß er bei seinem Tun sich irrte:
Als er die Kerze wollte haben,
Sie in der Sandbüchs zu vergraben,
Stieß er sie in ein Glas mit Wein,
Da zischte es gar laut und fein;

Es war der Becher von der Braut,
  Da lachten alle Gäste laut
Und schmunzelten die Jungfraun leise
  Wohl über ihres Dieners Weise.
Bei solchen Stücken sollst du bleiben,
  Doch sollst du es noch gröber treiben.
So iß und trink allzeit in Menge,
  Bis es sich dir im Bauche dränge.
Und wenn du oftmals rülpsen tust,
  So wisse, daß du speien mußt.
Das soll dich dann nicht wundernehmen,
  Du muß dich drum vor keinem schämen:
Seht her, sprich, laßt mich früher gehn,
  Geh hin und spei, dann putz die Zähn:
Komm wieder und zieh doppelt rein,
  Was leer ist, muß gefüllt bald sein.
Doch wenn dir wird bei Tisch beklommen,
  So duck den Kopf, sei unbenommen,
Spei untern Tisch und schäm dich nicht,
  Das schafft den Säuen ein Gericht,
Gefällt den vollen Brüdern sehr,
  Sie treiben selbst es noch viel mehr.
Auch ist's an vielen Orten Sitt,
  Man hält es für kein Gastmahl nit,
Bis einer läßt das Zeichen sehen,
  Das soll oftmals von dir geschehn,
Sie werden deiner alle lachen,
  Es wird dir große Freundschaft machen
Und keiner wird es mehr verwehren,
  Als Trinker-Hauptmann dich zu ehren.

Ist ein gutes Zeichen eines Unflats.

Macht der vollen Sau Platz.

Etliche Grobianer speien gar darauf.

Eine höfliche Sitte.

Je wüster, je lieber.

Lehrt, wie die Jungfrauen zu bespritzen sind und wie man sich innerhalb und außerhalb der Gesellschaft zu halten hat

Laß deine zarte Jungfrau die Händlein sehen.

Wenn nun das Tischtuch ausgelegt
Und frisches Wasser her man trägt,
Sollst du die Hände schnell ausstrecken,
Dich waschen in dem saubren Becken,
Das Maul, die Nase eine Zeit,
Dann laß sich waschen andre Leut.
(Denn saubres Wasser bringt dir Nutz,
Und trübes wischt nicht ab den Schmutz.)
Auch Eheweiber und Jungfrauen
Solln dir beim Waschen wohl zuschauen.

Ehrt euch, ihr Badermägde.

Gar manche machen viel Gepränge,
Sie halten sich so still und strenge,
Und jede will die letzte sein,
Will vorlassen die andre fein.
Wenn du dann siehst dergleichen Pracht,
Und sie dich nehmen nicht in acht,

Gib ihnen das Weihwasser.

So sollst du dann versäumen nicht,
Sie vollzuspritzen ins Gesicht,
Den Schleier, Stirn, Aug und Gewand,
Und netze sie mit grober Hand.
Das haben sie verdient daran,
Daß sie so lange standen an.

Ist wohl des Lachens wert.

Der Posse lachen Weib und Mann
Und sprechen Dank dafür sodann;
Auch bitten dich die Fräulein sehr,

Du wolltest sie bespritzen mehr.
Sobald man Früchte, Obst aufträgt, *Friß den Gewinn.*
So sei der erste, der sich regt.
Und kehr die Platten so herein,
Daß, was dir schmeckt, kommt vor dich fein; *Wie eine Sau mit ihrem Rüssel.*
Wühl alles durch und sei nicht faul
Und schamlos fahr damit zum Maul.
Äpfel zu schälen nimm nicht an, *Ja, ein Kuhfladen.*
Dein Bauch sie so verdauen kann:
Die grüne Schale ist gesund,
Dazu möcht zu derselben Stund,
Da du mit Schälen dich mußt quälen,
Das Obst verschwinden in den Kehlen:
Und wenn dein Herz noch mehr begehrt,
So sind die Platten dann geleert –
Drum greife, was sich vor dir reiht,
Du findest es nicht allezeit.
Denn trägt man einmal weg ein Ding,
Denk nicht, daß man es wiederbring.
So hat der Wirt es hergestellt,
Daß jeder eß, was ihm gefällt:
Nicht daß man raus trag seine Gaben.
Drum sollst du weite Ärmel haben *Laß nichts zuschanden gehen.*
Und, was du magst, darin einschlagen,
Wenn satt du bist, es mit dir tragen.
Du sollst dich auch daran gewöhnen,
Die Nuß zu öffnen mit den Zähnen, *Probier die Zähne.*
So brichst du nicht das Messer ab.
Auch manchen ich gesehen hab,
Der schlug mit einem Streich gar frisch
Die Nuß in Stücken auf dem Tisch,

Daß hochsprang, was drauf lag und stand,
Un vaillant hómme.
Da dacht ich: Welche starke Hand.
Ein anderer mit starkem Fuß,
Der knackte manche harte Nuß.
Dann klaubten sie die Kerne raus
(Die Burschen halten seltsam haus).
Nimm, was du willst, und halte mit,
Gebrauche nur das Messer nit,
Du könntest seine Spitze brechen
Ein gutes gemeines Stücklein.
Und dir auch in den Finger stechen.
Dann räum die Schalen weg von dir
Und leg sie deinem Nächsten für,
So denkt dann jedermann beflissen,
Er hab gefressen von den Nüssen:
So rühmt man deine Hofzucht schier
Und weiß nicht viel von deiner Gier.
Auch was dir nicht will schmecken gar,
Märzkalb.
Das reiche deinem Nächsten dar.
Sitzt eine Jungfrau neben dir,
So scherze grob, geil, wüst mit ihr,
So wirst du sie geneigt dir machen,
Er mag der dritten nicht zuteil werden, die ihn gern mit dem Haar an sich fesselte.
Und sie muß deiner herzlich lachen,
Du bist dem schönen Volk nicht feil
Und wirst der dritten nicht zuteil.
Denn wer jetzt will ein Buhler sein,
Der muß nicht lange schüchtern sein.
Auch was du hast für schöne Dinge,
Die Spindel will sich nicht im Sack verbergen lassen.
Halsband, Ketten, güldne Ringe,
So streck die Finger allweg dar,
Dann nimmt man die Kleinodien wahr.
Auch wenn du hätt'st ein schönes Kleid,
Mit Samt besetzt oder mit Seid,

Und was an dir mag lustig sein,
  So schau, bring es zum Augenschein
Und zeige es den Mägdlein allen
  (Du sollst dir auch selbst wohlgefallen),
Die werden dir schnell alles geben
  Und können ohne dich nicht leben:
Sie sind den schönen Kleidern hold,
  Dazu betör sie Geld und Gold.
Viel tiefe Seufzer laß von Herzen,
  Daß sie vernehmen deine Schmerzen.

Tritt sie, daß sie Mordio schreie.

So spare auch mit Winken nicht
  Und tritt sie auf den Fuß ganz schlicht.
Bring ihnen oftmals kühlen Wein
  Und sag: Denkt nur an mich recht fein.
Wenn sie dann wieder tun Bescheid,
  So wird dein junges Herz erfreut.
Sorg nicht, was sich zuchthalber ziemt,
  Beim Wein man alles gut aufnimmt.
Hörst du, daß jemand in der Still
  Dem andern etwas sagen will,
So lausche ihm genaustens zu
  Und hör, was man da handeln tu.

Stoß deine Nase in alle Dinge.

Was man auch redet, heb gleich an
  Und häng dein Siegel auch daran,

Tu ebenso.

Obschon sonst schweigt ein jeder Mann,
  So fang du doch ein Plaudern an,
Ein ungefüges laut Geschrei,
  Und schwätz daher von mancherlei
Allzeit wird sich wohl etwas finden,
  Das kannst du der Gesellschaft künden:

Schweigen ist gut, besser ist Reden, wer es recht versteht.

So magst du auch wohl Lügen dichten,
  Nachreden und die Leut ausrichten,

Die nicht zugegen können sein:
Geht alles hin beim kühlen Wein,
Gleich was du auch für Tücke
Getrieben hast und Bubenstücke.
Denn viele sind, die meisterlich
Der Schalkheit fein gar rühmen sich
Und wollen Ehre drum erlangen,
Daß Unrecht haben sie begangen.
Auch solltest du aus kleinen Sachen
Allzeit große Händel machen.
Will jemand mit dir disputieren,
Muß seine Sache er verlieren,
Mit Schreien seine Red zerstöre,
Daß er sein eignes Wort nicht höre.
Spricht jemand: Freund, ei, tut gemach
Und redet sittlich von der Sach:
So schrei drum mehr, die Zung ist dein,
Soll keinem sonst gehorsam sein.
Sollst niemandem ergeben dich,
Sprich: Es sagt keiner wahr als ich:
Und was er sagt, antworte nein,
Der Sieg gehört dir dann allein.
Will aber je dein Widerpart
Bei seiner Meinung bleiben hart
Und um kein Haar nicht weichen dir,
So zürn mit ihm und tritt herfür,
Steh auf und übersieh ihn eh,
Sag auch den Gästen nicht ade.
Und was dir nicht mit großem Schreien
Zu deiner Meinung will gedeihen,
Das sollst du schützen mit dem Schwert,
Wie je ein rechter Mann verfährt.

Ein Ruhm, der wohl des Scheltens wert ist.

Man soll sittlich und mit Geduld fein disputieren, ohne Tumult.

Nitimur in vetitium.

Laß dich nicht belehren.

Gewalt geht vor Recht, klagt mancher arme Knecht.

Stoß dann den andern schlicht zur Erden,
  Die Meinung soll gepriesen werden:
Mit bloßer Wehr und offnem Hemd
  Zerstöre ihm sein Argument,
Und laß auch eine Kanne fliegen
  Zum Kopf ihm, daß er sich muß biegen.
Wenn dir die Possen nicht gefielen
  Und du gern willst auch etwas spielen,
So grabe in den Tisch mit List
  Den Namen und was sonst noch ist

Der Stockfisch muß phantasiert haben.

Dein Zeichen, was ist schon dabei,
  Daß deiner eingedenk man sei,
Wenn du von hinnen bist geschieden
  Mit großer Freud, in tiefem Frieden,
Kann mancher Schlucker alsdann lesen
  Und sehen, daß du dagewesen.
Auch magst du wohl mit grober Hand
  Manch wüste Posse an die Wand
Hinschreiben oder malen dran,

Muro bianco charta da matti.

  So lacht dann mancher Grobian.
Was man dir bringt, wenn du noch nüchtern,
  Das sollst auf ex du in dich trichtern,
Es ist voll Zucht und steht dir frei,

Totum extra, despechez vous.

  Man spricht ja, daß es unrecht sei:
Aus einer Arbeit mach nicht zwo,
  Folg mir, dann tust du nicht also.
Ist leer das Glas, so sei nicht toll,
  Laß es nur schenken wieder voll;
Und tu dem Bringer, wie's gebührt,

Getreuer Säufer.

  So wirst du bald nach Haus geführt,
Bist voll von Würsten zu der Zeit,
  Da noch drauf warten andre Leut.

Zeit hat Ehr, sprach die Nonne und ging um Mitternacht heim.

Geh nimmer heim (es wäre dann,
  Zwei Schläge hätt die Glock getan
Und daß schon käm der Morgenstern),
  Obschon der Wirt wollt schlafen gern
Und bäte dich, gleich wie er wölle:
  Ei sprich: Harr aus, du brav Geselle,
Nach Heimgehn steht mir nicht der Sinn,
  Bis daß ich mehr gefüllt wohl bin.

Das ist wohl vonnöten gewesen.

Dieweil sich ein Betrunkner hätte
  Schlafgierig schon gelegt zu Bette,
So gehe eilends zu ihm hin,
  Hol ihn zurück mit leichtem Sinn,
Ob er schon barfuß mit dir gehe
  Und nicht wohl auf den Füßen stehe,
Auch gar nicht willig wär dazu,
  Laß ihn trotz allem nicht in Ruh
Und auferleg ihm solche Buß,
  Daß man zu Bett ihn tragen muß.
So halt erst mit den Gläsern haus,

Wenn die Säue voll sind, werfen sie den Trog um.

  Zerbrich sie, schlage Fenster aus
Und sei ein ungestümer Gast,
  Daß morgen du zu zahlen hast:
Gib dann gemalte Wappen drein,
  So wirst du stets willkommen sein.

Das ist recht.

Dann sollst du Stuhl und Bank rumtragen,
  Sie kräftig an den Ofen schlagen:
Der Töpfer kann ihn schöner machen,
  Und geh dann heim nach solchen Sachen.

Ein erwähltes Stücklein für die Schmarotzer.

Doch mach zuvor zur selben Stund
  Mit den Gesellen solchen Bund:
Wenn jemand ein dich laden sollte,
  So kämst du gern, wie er es wollte.

Das Stücklein hat mir gut getan,
  Ich hatte viel Gewinn daran
Und ward zu manchem Festmahl oft
  Geladen, da ich's nicht erhofft:
Ich sprach: Kann es nicht mal geschehen,
  Daß ich mag eure Wohnung sehen?
Wann ladet ihr mich ein ins Haus,
  Wann wird wohl einmal etwas draus?
Gezwungen sprach er dann zu mir:
  Wann du nur willst, es liegt an dir,
Wenn du daran Gefallen hast,
  So komm gleich morgen, sei mein Gast,
Und komme auch zur rechten Stund.
  So sprech ich dann mit gutem Grund:
Ich will erscheinen, glaubt mir frei,
  Tu einen großen Schwur dabei,
Als wär ihm viel gelegen dran,
  Daß mit ihm eß Herr Grobian.
Das Stücklein brauch, es wird nicht schaden,
  So wirst du oft zu Gast geladen.
Tät aber einer dir desgleichen
  Und wollte dir den Fuchsschwanz streichen,
So tue glatt, als hörst du nicht,
  Und sag ihm in das Angesicht:
Tatsächlich, es muß mal geschehen,
  Wenn wir gelegne Zeit ersehen,
Jetzt aber kann ich es nicht wagen,
  Muß schaffen viel in diesen Tagen
Wohl etlicher Geschäfte wegen,
  Drum käm es mir jetzt ungelegen:
Hab alles ich verrichtet schlicht,
  Will deiner ich vergessen nicht:

Wie sind Schälke so große Lecker.

Leid nicht von einem andern, was du ihm tust.

Es ist schwer, einen Fuchs mit einem Fuchs zu fangen.

Das wird geschehen: Ad calendas Graecas.

Da wolln wir trinken guten Wein
Und fröhlich beeinander sein.

DAS SECHSTE KAPITEL

Von rumorischen Sitten, auf der Gasse und im Haus bei Weib und Kind zu gebrauchen

Wenn deine Lust du hast gestillt
Und du zu gehen bist gewillt,
So suche einen sichern Steg
Und mach mit Lärm dich auf den Weg.
Frag nicht, was kostet dich das Mahl,
Es sei bis morgen dir egal,
Denn wenn der Wirt bezahlt will sein,
Wird er schon nicht vergessen dein.
Schweig still und mach kein Wesen draus
Und such den Weg zu deinem Haus.
Da plärr, rumor, sing, jauchze, schrei
Durch alle Gassen, wo es sei,
So müssen dann von diesem Schalle
Die Nachbarn gleich erwachen alle.
Fluch dem, treib jenen aus dem Haus,
Sag, bist du keck, so tritt heraus.
Entfach aufs neue alten Streit,
Der war vergessen lange Zeit:
In voller Weis traktier ihn viel,
So fängst du an ein neues Spiel.
Will er das Schimpfen dann nicht leiden
Und sucht hervor wohl scharfe Schneiden,
Kommt raus und will dich gar bedrohn,
So such die Flucht und lauf davon,
Gib Fersengeld, laß dich nicht binden,

Hat redlich gefochten.

Grobianer sind gute Bezahler.

Ein voller Narr ist ein Teufel auf der Gasse.

Wecke einen schlafenden Hund.

Die davonlaufen, tun sich gütlich.

Die Schuhe wird er dann wohl finden,
Daß er dir nicht den Balg zerklopf
Und schlage dir an deinen Kopf.
Ich sag auch, die sind gut und fein,
Die nachts die Fenster werfen ein
Mit Prügeln oder großen Wacken
Und sich danach von dannen packen.
Das tu, denn einem vollen Mann
Ziemt alles, was er treiben kann.
So wirst du schnell den Glasern wert,
Wenn neue Fenster man begehrt.
Und wirf auch Bänke, Ständer um,
Des Morgens dann der Hausherr kumm
Und stellt ein jedes an die Statt,
Da Grobheit es gefunden hat:
So ist's demselben Herren gut,
Daß er zuzeiten etwas tut,
Bewegung nutzt dem Körper viel,
Das bringt hervor dein Gaukelspiel.
Käm aber mancher Bürger raus
Und wischt' zuvor aus seinem Haus
Mit einem guten, festen Spieß,
Mit dem er furchtlos nach dir stieß,
Und führte dich dem Turm dann zu,
Da hättest du wohl endlich Ruh
Und lägst darin so gut verschlossen
Und triebst allein viel grobe Possen.
Wo könntest du wohl sichrer sein
Vor denen, die dich kreisten ein?
Denn keiner deiner Feinde ist,
Der an den Ort wollt, wo du bist,
Da sitzt du dann im Schatten fein,

Das gehört schier in die Schelmenzunft.

Wie ist der Teufel so unmüßig.

Man müßte ihn einmal zudecken und das Futter weglegen.

Geh die Wände hoch, weil du so fuchsteufelswild bist.

Proficiat illi.

Ob Regen oder Sonnenschein,
Und bist geschützt dazu noch mehr,
Schneit draußen es und friert gar sehr,
Wirst auch vor Dieben sicher sein,
Denn keiner steigt zum Knast hinein,
Auch hältst du drin sodann Diät,
Worin ein Stück Gesundheit steht.
(Das tun viel Herren, reich und stolz,
Die man gelegt hat in das Holz.)
Kommst eines Tages du vors Tor,
Schmeckt dir der Trunk gleich wie zuvor:
So sauf dich dann alsbald voll Wein,
So legt man dich gleich wieder rein:
Das tu zum Trotz den Kerker-Knaben,
Daß sie auch Arbeit mit dir haben.
Käm aber niemand, der dich finge
Und der mit dir zum Kerker ginge,
So richte mit viel Mutwill an,
Was deine Lust ausdenken kann.
Stürz um und schlage, was du findst
(Wodurch du große Gunst gewinnst),
Bis daß dir geht der Mutwill aus,
So schau dann, wie es steh im Haus.
Nun höre, was ich dich noch lehre,
Wenn niemand mehr dein Wort begehre,
Und wie du sollst dein Weib traktieren
Und ihr die Lenden wohl einschmieren.
Stoß mit dem Fuß hart an die Tür
Als ob der Donner schlug dafür,
Auch einen harten Buff gib dran,
Dann lauf sie von der Seite an
Und tu so manchen Stoß daran,

So wirst du nicht gestohlen.

Mens laeta, requies, moderata dieta.

Lug, daß dir nicht Ärgeres widerfahre.

Das wäre schade.

Wer seinem Haus nicht kann vorstehen, wie soll der anderen vorstehen.

Daß sie das Schloß nicht halten kann
Und breche, falle sonstwo hin
(Vielleicht fällst du auch mit dahin),
Tu viele große Flüche zu,
So hat kein Nachbar vor dir Ruh.
Wenn nunn dein Weib vom Bett aufstünd,

Das Weib muß das Bad raustragen.

Die Tür zu öffnen ganz geschwind,
Und hieß dich lieb willkommen sein
(Obwohl sie merkt, du wärst voll Wein),
So schlag sie in das Angesicht,
Wenn sie schon hat verdient es nicht,

Erst ist der grobe Filz entlaufen, jetzt will er Weib und Kinder raufen.

Und gib ihr manchen harten Streich,
Daß mürb sie werde, sanft und weich
Und ihr erzitter Leib und Blut,
So deine Grobheit reden tut.
Denn du hörst ja gemeinhin sagen,
Drei Dinge muß man allzeit schlagen,
Will man, daß ihrer eins gut bleib,

Ein frommes Weib, das schlägt sich selbst.

Den Nußbaum, Esel und ein Weib.
Ein Stockfisch wird auch nimmer gut,
Den man nicht weidlich bleuen tut.
Soll mit dem Weib es dir gelingen,
Mußt du mit Schlägen in sie dringen.

Das Gesinde muß auch herhalten.

Leg dich nicht hin, bevor und ehe
Das Hausgesind vom Bett aufstehe,
Da es im ersten Schlafe lag.
Die Grobheit sich so zeigen mag:

Wäre der Herr recht, vielleicht folgte ihm das Gesinde nach.

Dem einen kühne Worte sagen,
Dem anderen den Balg zerschlagen:
Und jedem (so du bist voll Wein)
Des breiten auch erzählen fein,
Was er das Jahr lang hab getan,

So heben sie zu zittern an
Und fürchten ihrer Lenden sehr,
Erweisen dir so große Ehr:
Denn keiner ja sonst größer ist
In deiner Wohnung, als du bist.
Wenn du dann aufhörst, sie zu strafen,
So leg in Sachen dich zum Schlafen
Und schlafe süß und ohne Sorgen,
Befleiß dich auch, daß gleich am Morgen
Die Magd bald große Unlust finde,
Daß sie zu waschen hab geschwinde,
Daß du sie lohnest nicht aus Gunst;
Damit beweist du gute Kunst:
Wenn es so stinkt an deinem Bette,
Als ob man da den Saustall hätte,
Dein Weib liebt diesen Bettgeruch,
Spricht sie zu dir auch manchen Fluch.
So muß sie das doch riechen so,
Ist ihres feinen Hauswirts froh.
Wenn du dann aufstehst gegen Mittag,
So heiß, daß man dir gleich hertrag
Essen und Trinken, dich zu laben,
Doch sollst zuvor du Branntwein haben,
Der dir im Haupt vertreib die Schmerzen,
Daß dir nicht Krankheit schlag zum
Herzen.
Wenn du alsbald gestärkt dich hast
Mit starkem Wein und guter Kost,
So leg dich wieder hin zur Ruh,
Das Weib richte das Essen zu:
Wenn sie dann kommt und weckt dich wieder,
So geh zu Tisch und setz dich nieder

Leg dich in Teufels Namen.

Die volle Sau erfreut jedermann.

Sie ist wohl versorgt mit einem Unflat.

Fange es so wieder an, wie du es des Nachts beendet hast.

Das schöne Kindlein schläft ungewiegt.

Und mampfe wieder tüchtig ein,
Wie Wölfe tun und wilde Schwein:
So wird dein Weib sich hurtig rächen
Und dir das Benedictio sprechen,
Wird machen laut ein großes Wesen,
Dir kräftig die Leviten lesen,
Wie es bei manchen Weibern Brauch,
So mußt du dich halt wappnen auch.
Spricht sie: Schau da, du voller Flegel,
Du Weinschlauch, du versoffner Kegel,
Bist gestern wieder voll gewesen,
Und niemand konnt vor dir genesen.
Du grobe Mistsau, schäm dich drum,
Geht so mit Weib und Kind man um?
Ein Strick gehört um deinen Hals,
Sieh, wie zertrümmert du hast alls,
Da hast die Töpfe du zerbrochen,
Worin soll ich dir jetzt was kochen?
Du hast gescholten mich, geschlagen,
Das will ich allen Nachbarn klagen.
Sagt einen langen Text sie her
(Als ob sie fast ein Doktor wär),
Will einen großen Aufriß machen,
So sitz du da, tu nichts als lachen.
Mulier taceat in ecclesia.
Willst du ihr nicht mehr hören zu,
Befiehl, daß sie das Maul zu tu
(Und sprich: Wer hat dich hergesandt,
Daß du sollst sein ein Predikant)?
Böse Xanthippe
Schweigt sie, tut's ihren Lenden gut,
Wo sie denn weiter zetern tut
Und dir vorhält so manchen Mist,
Wie schlimm es ihr ergangen ist,

So nimm gleich, was du finden kannst, *Furor arma ministrat.*
Und wirf's dem bösen Suppenwanst
In das Gefräß und in die Lenden,
Daß sie den Kopf nicht um kann wenden,
Schlag sie dann weich, so gibt sie Ruh,
Sprich: Unflat, mach die Klappe zu:
Und tritt entgegen ihr recht wild,
So wird schnell kleinlaut sie und mild *Gute Frau*
Gleich wie ein frommes Lämmlein klein
Und läßt sogleich das Schimpfen sein.
Es wär noch viel hierher zu setzen,
Du kannst den Rest allein wohl schätzen.
Denn das sei nur gestellt hierher,
Daß es für dich ein Muster wär,
Das andre kannst du selber treiben,
Ich muß dafür nicht Regeln schreiben,
Weil du schier selbst ein Doktor bist *Doktor im Taubennest*
Und weißt, was dir dazu gebrist,
Du kannst allein nun Regeln dichten
Und dich auf grobianisch richten.

DAS SIEBTE KAPITEL

Erzählt viel schöne Grobitäten, die man an Gästen (so man die geladen hat) üben soll

Redde vices, aut desine velle vocari.

Du lade Gäste auch nach Haus,
Doch siehe, daß sie bleiben aus,
Sollst ihnen keine Boten senden,
So magst du ab die Kosten wenden.
Auch Gäste, welche schnell und pötzlich

Hüte dich vor Gästen.

Im Haus wolln überlaufen dich,
Die weise mit den Worten ab:
Wenn je ich euch geladen hab,

Odi memorem potatorem.

So ist mir das doch aus dem Sinn,
Da ich voll Wein gewesen bin;
Was ich in Trunkenheit begehrt,
Das kam vom Wein und war verkehrt,
Der Rausch hat das hervorgebracht,
Ich hab's vergessen über Nacht.

Ich hab mit euch gescherzt.

Auch magst du dann erklären dich,
Sag: ihr habt nicht verstanden mich,
Nur Ehrenworte sind's gewesen.

Verba honoris non obligant.

Und wollt ihr Ernst daraus gleich lesen?
Es ist doch alter Brauch und Sitt,
Daß Ehrenworte binden nit.
Du magst auch sprechen in der Eile,
Die Frau hat jetzt nicht rechte Weile,

Sie ist nicht daheim oder hat mit den Kindern zu schaffen.

Sie hat zu waschen und zu reiben
Und muß auch bei den Kindern bleiben,
Die sind gerade nicht zupaß,
Ein andermal, da geht es baß.

Kommt auf ein andermal zu mir,
So will ich's vorher künden ihr,
Dann wolln wir haben guten Mut,
So klingt doch deine Antwort gut.
Mahn sie dann nimmermehr daran,
So stehn dir keine Kosten an:
Doch magst du zu gelegner Zeit
Zu Gast empfangen solche Leut,
Die du zuvor geladen hast,
So bist du wieder oft ihr Gast.
Brauch aber allzeit diesen Grund,
Daß, wer nicht kommt zur rechten Stund,
Da du ihm hast die Zeit befohlen,
Den laß auch nicht zum Essen holen,
Und sei gar froh, wenn er ausbleibt
Und dich nicht in den Keller treibt.
Sobald die Uhr hat ausgeschlagen,
So heiß alsbald die Speis auftragen
Und setz dich an den Tisch ohn Sorgen,
Du müßtest warten sonst bis morgen.
Wer nicht von selbst kommt, den laß bleiben,
Kannst niemand mit Gewalt hertreiben.
Du hast ja schließlich eingeladen,
Wer sich dann säumt, der hab den Schaden.
Und wer als letzter kommt herzu,
Der sorg sich, wo er sitzen tu,
Sitzt er dann übel, ißt auch schlecht,
Geschieht's dem Kunden eben recht.
Kommt wer zu spät bar jeder Not,
Der eß beim Ofen trocken Brot.
Und gleich, sobald du sicher bist,
Daß nun die Zeit vorüber ist,

Zu Pfingsten auf dem Eis.

Laß ihn um den Brotkorb tanzen.

Tarde venientes, male sedentes.

Laß keinen Fresser ein.

So schließ gar eben Tor und Tür
Und stoß die starken Riegel für,
Daß, wer zu spät kommt auf die Straßen,
Auß' bleibt und nicht werd eingelassen,
Wenn er auch laut pocht an das Tor,
So laß den Riegel nur davor
Und sperr den faulen Kunden aus,
So zieht er wieder bald nach Haus,
Und du sparst manches Glas voll Wein,
Dein Nutzen muß dir heilig sein,

Eine äsopische Posse.

Das hat Äsopus auch getrieben,
Als die Geladnen ihm ausblieben
Und einer nur zum Nachtmahl ging,
Der da verstand verborgne Ding.

Grobianer wollen ihr Ding ausrichten, wenn die Leute zu Tisch sitzen sollen.

Wenn dann die Gäste kommen rein,
So heiß sie nicht willkommen sein.
Bei Tisch kein saubres Wasser sei,
Setz auch nicht Stuhl und Bank dabei,
Heb an zu kehren, wo sie stehen,
Daß sie in Staub und Unflat gehen.
(Wie sollten sie sonst wissen draus,
Ob man auch hat gekehrt das Haus?)
Verrichte alles erst geschwind,
Wenn viele schon gekommen sind.

Wer wohl ißt, der sitzt gut.

Auch heiße keinen, sich zu setzen,
Wie kannst du jedes Würde schätzen?
Laß jeden sitzen, wo er mag,
Daß er nicht etwa von dir klag
Und gäbe schuld dir armen Mann,
Daß er soll sitzen untenan.

Laudat te os alienum.

Was du ihm dann für Kost aufträgst
Und was du auf die Tafel legst,

Das lob den Gästen hoch und heilig,
Wie danach du gelaufen eilig,
Bis alles du erst hast bekommen
Und was man dir für abgenommen,
Wie du so manchen Groschen gabst
Und daß du sehr viel Unkost habst:
Sag: Das ist wohl ein schöner Aal,

Lob du die Kost und mach sie ihnen teuer, das kommt der Hofzucht wohl zur Steuer.

Der Preis war aber erste Wahl,
Auch Salm und Karpfen, Hecht sind gut,
Nur daß es so viel kosten tut.
Kein beßren Hasen, darf ich sagen,
Hat dieses Jahr man sehen jagen,
Den hat geschossen mir ein Bauer,
Er nahm jedoch viel Geld, der Lauer.
Sag weiter, daß Gewürz dran sei,

Beneficiorum enumeratio exprobratio est.

Auch Zucker nicht zu knapp dabei,
Sag, daß die Frau gekocht hab gut,
Wie sonst kein Weib dergleichen tut.
All das gefällt den Gästen gut,
Ermuntert ihren frohen Mut,
Zu einem Gastmahl dich zu laden.
(Nun schau: Was kann dir Grobheit
schaden?)
Spricht dann der Gastherr auch dergleichen,
So sollst du ihm sein Wort ausstreichen
Und sagen: Warum gibst du an,
Was du gekauft und dargetan?

Lasse nicht zu, daß dir ein jeder deine Kunst ablerne.

Wer Gäste will, der richt es aus,
Ansonsten laß er sie zu Haus.
Und heiß auch keinen, daß er esse

Sie sind alt genug.

Und sich an deinem Tisch vergesse.
Denn alle, die wohl Hunger haben,

Die werden sich schon selber laben.
Sind sie des Hungers aber ledig,
Nützt's nichts, wenn du sie bittest gnädig.
Ein voller Bauch hat ja die Weise,
Daß er nicht braucht noch weitre Speise;
Wollt mehr in ihn man aber zwingen,

Ein feines Muster

So müßt er auseinanderspringen.
Leg auch dem Gast nichts Gutes vor,

Das heißt man dann das Gratias und St. Johannes Segen.

Er hat Vergnügen an dir Tor.
Sind sie gesättigt endlich fein,
So reiche einen starken Wein,
Wenn du das Gastmahl aufgehoben,
Damit sollst Gäste du erproben:
Und mach sie alle bodenvoll,
Daß keiner weiß, wohin er soll.

Sei fuchsteufelswild.

Dann fang viel Zank und Hader an,
Kein Fremder dich dran hindern kann,
Du bist ja Herr in deinem Haus,

Ist ein bescheidener Hausherr.

Wem's nicht gefällt, der geh hinaus.
Mit denen, die wohl bei dir bleiben,
Sollst du sodann viel Späße treiben:
Sieh zu, daß keiner nüchtern bleibe,
Verriegle auch die Tür beileibe
Und lasse keinen heimwärts gehen,
Solang er noch kann aufrecht stehen;
Damit wirst du erreichen fein,
Daß keiner will dein Gast mehr sein.

Das tut der größte Teil der unvernünftigen Tiere nicht.

Es schickt sich auch dabei nicht übel,
Setzt eine Kachel, einen Kübel
Du unter eure Tafel frei,
Daß jeder, dem's vonnöten sei,
Die Blase mag drin leeren aus,

So trinken dann die Brüder draus.
Und sitz die ganze Nacht beim Saufen,
Entlasse keinen von dem Haufen,
Bis daß die Morgenröt aufgehe,
Erst dann sorg, daß man stracks aufstehe.
So tu die Tür auf, laß sie raus,
Schau jeder, wie er komm nach Haus.
Der helle Tag mag sie heimführen,
Und kein Erbarmen soll dich rühren.
Du selbst schlaf gut mit lautem Schalle,
Wenn andre Leute werken alle.
Zur Nacht sitz wieder bei dem Wein,
Was kann ein bessres Leben sein?
Wenn auch ein andrer mehrt sein Gut,
Indem er harte Arbeit tut,
Sei müßig du und ohne Sorgen,
So kommst du in den Bettler-Orden
Und hast dabei stets frischen Mut
Und sorgst dich nicht um großes Gut,
Wie mancher reiche Kaufmann tut.

Ein Narr macht zehn, ein Grobianer zwanzig.

Nutze die edle Zeit.

DAS ACHTE UND LETZTE KAPITEL

umfaßt einen ganzen Haufen lieblicher, höflicher grobianischer Hofpößlein, allen Grobianern notwendig.

Ein Gläschen tut dem Grobianer gut.

Wohlan, das Buch ist fast zu Ende,
Ein Gläschen helfe mir behende,
Steh mir mit seinen Gaben bei,
Daß mir mein Herz nicht kraftlos sei,
So will ich jetzt (hab ich nur Glück)
Ein paar erprobte gute Stück
Zuletzt noch schreiben schnell hinein,
Doch wird das ohne Ordnung sein:
Was bisher nicht zum Lob konnt walten,
Hab diesem Ort ich vorbehalten.
Doch mit dem Alter ist es so,
Daß anderes dich dann macht froh.
Denn gleich wie auch nicht jede Brill
Wohl jedem Alter ziemen will,
So sollst bedacht du auserlesen,
Was deinem Alter, Stand und Wesen
Gebühren mag, das sollst du treiben,
Getrost dabei grobianisch bleiben.

Es ist ein Vorteil beim Krebsessen, es frißt ein Grobianer mehr als sonst drei.

Die Krebse achtet man für teuer,
Damit treibt man viel Abenteuer:
Dies Stücklein will ich nicht vergessen,
Wie du mit Leuten Krebs sollst essen.
Den andern laß die kleinen Stücke,
Die größten selbst heraus dir zwicke:
Denn zwar je größer solche sind,

Je mehr man drin Materie findt.
Doch ist nicht allzeit es nur gut,
Daß man die größten nehmen tut,
Drum will ich eine Regel geben,
Wie du sie sollst erkennen eben:
So taste sie mit Blicken ab,
Wer unterm Schwanz viel Eier hab, *Ja, Eselseier.*
Der ist in jedem Fall bekömmlich
Und schmeckt nur dir außergewöhnlich:
Denn welcher ohne Eier ist,
Den laß, daß ihn ein andrer frißt,
Weil er dir wenig nützlich sei,
So gib ihn deinem Nachbarn frei,
Daß er ihn eß, und ihm dünkt gut,
Was deinem Maul nicht schmecken tut.
Auch: Welcher keine Eier hat
Den wirf zurück nur auf die Platt
Und suche bei den Krebsen allen
Nur solche, die dir wohlgefallen,
Die leg dir ordentlich dann her
Und gönn den andern keine Scher.
Doch steht besondrer Vorteil drauf,
Kannst du viel Krebse fressen auf.
Drum denke dran, mein grober Keil,
Es kostet Zeit und lange Weil,
Willst du die Krebse nach der Sitt
Anatomieren, das tu nit,
Und wart nicht lang, halt dich nicht auf,
Ein andrer legt die Hände drauf,
So kämen schnell die Krebse weg,
Wärst du dann nicht ein feiner Geck?
Tu deshalb so und halt den Brauch:

Zum ersten friß hinweg den Bauch,
Danach brich flugs die Scheren ab
(Wie ich das oft gesehen hab),
Die Schwänze lege auch dazu
(Und acht nicht, was ein andrer tu),
Eil dich nur und sei auch geschwind;
Wenn keine Krebse dann mehr sind,
Verspeise deinen Schatz in Ruh,
So sehen dir die andern zu.
Das hab ich neulich gar gesehen,
Da ist was Drolliges geschehen:
Es riß auch einer solche Possen,
Was einen andern Gast verdrossen,
Der wohl war ein bescheidner Mann,
Von Spaß und Ernst gleich angetan,
Lieblich, lustig, gut von Sinnen,
Der merkte bald schon das Beginnen,
Daß dort ein Grobianer saß,
Der Krebse ohne Scheren fraß,
Die er auf einen Haufen legte,
Was jenem das Gemüt bewegte;
Um nun dem Spaße beizukommen,
Hat dessen Scheren er genommen

So ist es recht.

Und sprach: Landsmann, was meinst du mit,
Daß du magst diese Scheren nit?
Ich wär ein solcher Narr gewesen
Und hätt's fürs Beste rausgelesen:
Gib mir sie, wenn sie dir nicht schmecken!
So dienen sie dann deinen Zwecken –

Es sollte ihm nicht geschehen sein.

Und teilte sie auch Freunden mit,
Grobhans jedoch versucht sie nit,
Denn er bekam nicht eine Schere,

Verlor dazu auch seine Ehre.
Also ward ihm sein Raub entzogen
Und warn die Vögel ausgeflogen.
Drum scheint es sicherer zu sein,
Du schiebst sie in die Tasche rein,
Die Eierschwänze mit den Scheren,
Daheim kannst du sie dann verzehren.
Und was dir sonst gefallen tut,
In deiner Tasche liegt es gut.
So kannst du deine Kunst beweisen,
Und niemand kann dir was entreißen:
Da jenem keine Schere ward
Von denen, die er aufgespart.
Ich weiß noch der Exempel viele,
Wie man sich hält in solchem Spiele,
Jedoch es will den Leuten allen,
Besonders Weisen nicht gefallen.
Wer einen Brief bekommen hat
Und will ihn lesen an der Statt
Und will nicht, daß wer teil dran habe,
Dem nahe dich mit Schmeichler-Gabe,
Lies heimlich mit und guck hinein,
Das bringt dir neue Nachricht ein.
Ich denk nicht, daß er zürnen tu,
Ja glaub, er dankt dir noch dazu,
Daß du so witzig bist gewesen,
Geholfen hast, sein Brieflein lesen.
Wir lesen Briefe ohne Zahl,
Die an viel Orten, überall,
Einst Cicero geschrieben hat,
Der doch zu Rom, in dieser Stadt,
Der Bürgermeister ist gewesen;

Es war schade, aber keine Sünde.

Ad consilium non accesseris antequam voceris.

Selbst die Episteln mag man lesen,
Die seinen Freunden er geschrieben
Und die erhalten sind geblieben,
Und keiner zürnte früh und spät,
Daß man die Briefe lesen tät.
Warum sollt es denn schändlich sein,
Daß man die schlechten Briefelein
Auch lesen sollt zu jeder Zeit,
Die heute schreiben manche Leut?

Hierher, ihr Grobianer, zu dem Gänseleder.

Sehr viele wolln kein Messer leiden,
Das schartig sei und will nicht schneiden,
Die auch an hartem Steine gar
Ihr Messer reiben wunderbar,
Die Schneide voller Scharten schlagen,
Das Messer so zur Tafel tragen,
Das schon von solchem Wetzen bald
Gleicht einer Säge in Gestalt:
Sie tuen das zu ihrem Nutz
Oft einer feisten Gans zum Trutz,
Da muß dann wohl die Schwarte leiden,
Da sie beginnen, dran zu schneiden,
So haben sie viel Haut bekommen
Und haben fein sie ausgesponnen:
So fraßen sie zu ihrem Glück
Von Gänsehaut ein großes Stück.
Damit sie taten all hofieren,
Das brachte ein ihr Spintisieren.
Wenn dennoch jemand etwas spricht,
Dann sag: Mein Messer schneidet nicht,

Reiß den Plunder hinweg.

So hab die Gans ich wohl geschoren,
Hab Fleisch dabei sogar verloren.
Doch manchen will indes nicht glücken,

Die Haut der Gans hinwegzuzücken,
So sich das Messer nicht dran hält
Und ihm entwischt, was ihm gefällt.
So hilft sich dann ein grober Hans,
Daß er beim Flügel nimmt die Gans
Und reißt ein solches Stück heraus,
Daß ein Gemetzel wird daraus,
Und legt dann wieder auf die Platt
Das Tier, das er geschunden hat,
Und sagt, er sei ein gut Geselle,
Daß er nur nehme von der Pelle,
So doch wie üblich sonst die Leute
Gering erachten Gänsehäute.

Er hat nur die Haut abgezogen.

Desgleichen sei dir auch geraten,
Wo Spanferkel man hat gebraten,
Säum dich nicht lang, wenn keiner schaut,
Reiß weg die Knusper-Bratenhaut
Und sag: Oho, ich fahr dahin,
Von Handwerk ich ein Schuster bin.
Gebratne Ferkel und auch rote
Gebrühte Krebse – frohe Tote.

Eine rechte Sauhaut.

Es wäre nicht gut, Spanferkel mit der alten Sau zu essen.

So sollst du, daß dem also sei,
Auch billig fröhlich sein dabei,
Dann wirst du andre lustig machen,
Wenn sie die Schwarte hören krachen,
In deinem Munde umherwandern
Von einer Backe zu der andern,
Wenn damit knorpelst du gar fein,
Als ob dürr Eicheln fräß ein Schwein,
So du die Beinlein beißt in Stücken:
Und wird dann mancher nach dir schicken,
Der reich ist und nicht essen mag,

Ei, ein Kuhfladen.

Daß Kurzweil du bringst seinem Alltag,
Wenn deinem Mampfen er sieht zu,
So ihn auch selbst gleich hungern tu.

Exemplum simplicitatis morum.

Es fällt mir jetzt ein Gaudi ein,
Worauf mich bringt die Haut vom Schwein,
Das wird dir lustig sein zu hören,
Ich will dich gleich dasselbe lehren:
In Welschland hab ich das erfahren,
Daß da zwei junge Buben waren
In einem reichen Kloster dort,
Die warn gekommen an den Ort,
Daß sie auch sollten mit der Zeit
Wie andre werden Ordensleut.
Die Weis gefiel den jungen Knaben,
Daß guten Tag sie sollten haben,
Sie wendeten gar oft den Braten:
Nun ist es einmal so geraten,
Als sie da saßen bei dem Feuer,
Da hatt der Koch aus Abenteuer
Ein junges Ferkel an den Spieß
Gesteckt und war sich ganz gewiß,
Die Buben würden's gut versehen
(Wie es auch zweifellos geschehen):
Ihr Buben, sprach er, schaut herzu,
Daß es euch nicht verbrennen tu.
Der Koch befahl ein jedes Ding,
Danach er in die Kirche ging,
Darin auch mein Herr Prior war
Und andre Mönche, Volk sogar.
Das Ferkel, von des Feuers Not,
Schwitzt' sehr und ward so schön und rot,
Daß da ein Bub zum andern sprach:

Hör, wie gefiele dir die Sach,
Ob wir versuchen diesen Braten?
Der andre sprach: Will dazu raten.
Begannen an der Haut zu reißen
Mit Absicht, sie auch zu verspeisen.
Der erste zerrt' ein Stück herab,
Die Hälfte er dem Freunde gab:
Es schmeckte gut, sie schmatzten sehr,
Auf einmal holte er noch mehr,
Daß sie das Ferkel so geschunden,
Solange sie was dran gefunden.
Zuletzt gedachten sie voll Schreck,
O je, die Ferkelhaut ist weg!
Was wollen wir als Ausred sagen?
Man wird gewiß uns übel schlagen.
Hei, sprach der Kleinste, bist ein Narr,
Weißt du nicht, daß in unsrer Pfarr
Der Prior bittet in der Not,
Bei Hagel, Krieg und jähem Tod
Für Papst und Kaiser, König auch,
Folg du mir nur, du bist ein Gauch,
Wir wollen darum bitten sehr,
Daß unser Herrgott uns erhör
Und wachsen laß bald andre Haut,
Wir können auch wohl schreien laut.
Sogleich die Buben auf die Schnelle
Flugs liefen hin zu der Kapelle
Und knieten da vor dem Altar,
Ihr Bitten um die Sauhaut war,
Sie baten sehr und weinten beid,
Empfanden um die Sauhaut Leid
Und meinten gar, es möchte glücken,

Sankt Peter würde Leder schicken:
Schon dachten sie, es wär gelungen,
Weshalb sie der Kapell entsprungen,
Zur Küche kamen sie gerannt,
Da lag der Braten angebrannt,
Das Ferkel in dem starken Feuer,
Das war ein böses Abenteuer.
Sie flohen von dem Ort behende
Verkrochen sich an einem Ende,
Daß nicht der Koch zu ihnen käme
Und beide bei den Haaren nähme,
Sie schließlich derb zu Boden stieße
Und seiner Wut die Zügel ließe.
Der Koch sich aus der Kirche packte
(Weiß nicht, ob er den Braten schmackte),
Das arme Ferkel brannte so,
Der Anblick macht' den Koch nicht froh,
Den Braten warf er schnell zur Erden
Und tat, als wollt er rasend werden.
Den Prior fand gar bald die Mär,
Wie daß die Sau verbrannt wohl wär,
Der fing auch selber an zu fluchen
Und hieß die bösen Lecker suchen.
Zuletzt fand man die armen Gecken
In einem alten Holzhaus stecken:
Man stellte sie vor ein Gericht,
Da sie bekannten die Geschicht.
Der Prior hört' etwas verspätet,
Die beiden hätten drum gebetet,
Daß wachsen sollte andre Haut,
Da lacht der Prior überlaut:
Ihr Lecker, das sei euch geschenkt,

So sprach er, doch daß ihr bedenkt,
Sollt fortan keine Haut mehr essen,
Ihr habt doch wohl genug zu fressen,
Ansonsten häng ich alle beid,
Vergeßt bloß nicht diesen Bescheid.
Den Jungen war es wohl zumut,
Daß abgegangen es so gut,
Und beide sich verdrücken täten,
Als ob sie was gestohlen hätten.
Der Prior sprach alsbald zum Koch,
Daß er briet junge Hühner doch,
Sie wollten gleichwohl fröhlich sein,
War leider auch verbrannt das Schwein.
Das deucht die jungen Buben fein,
Daß ungestraft sie sollten sein:
Doch konnten sie nicht fest drauf bauen
Und nicht dem Prior wohl vertrauen,
Bis daß ob solchem milden Wächter
Im Kloster ward ein groß Gelächter
Und jeder da die Sau besah,
Viel gute Red dabei geschah.
Den Buben man die Reste gab,
Das Schwarze schabten sie herab
Und hatten dabei guten Mut:
Nun schau, wozu ist Einfalt gut!
Nur weil die Haut sie abgerissen,
Erlangten sie gar manchen Bissen
Und hatten einen guten Schmaus,
Gewannen Nutzen noch daraus:
Wieviel sie immer auch erbäten,
Kein Stück sie sonst empfangen hätten.
Des Schwanks lacht man noch manchen Tag,

Ist wohl gewiß ganz wahre Sag,
Denn mir hat es der Mönch gesagt
(Dazu gelacht und nicht geklagt),
Der in der Jugend selber hat
Begangen die beschriebne Tat,
Der selbst die Haut hat abgezogen,
Ich glaube nicht, daß er gelogen,
Das war ein grobianisch Stück,
Sie hatten doch dazu gut Glück.
Ich schreib dir solches darum auf,
Damit du siehst den guten Kauf
Und wie es manchem wohlgefällt,
Wenn ungeschickt man sich verhält.
Und wenn es mal im Winter ist,
Daß kalt dir an den Füßen ist,
Wenn du zu gutem Abenteuer
Am Schornstein siehst, daß brennt ein Feuer,
So habe allzeit solche Sitt,
Du seist bekannt da oder nit,
Lauf in die warme Stub herzu,
Tu so, als ob erfroren du,
Und streb dem warmen Ofen zu,
Zieh aus geschwind dir deine Schuh
Und wärm die zarten Füßelein,
Die fast erfroren dir am Bein.
Die nassen Hosen leg dazu,
Führ Wärme dann den Beinen zu.
Die Schuhe tu zum Ofen führen,
Daß sie bald Schnee und Eis verlieren.
Den Schnee, den sollst du nicht abschlagen,
Statt dessen in die Stube tragen,
Sonst wissen die nicht in dem Haus,

Daß so ein tiefer Schnee läg drauß.
Auch magst du wohl mit gutem Glimpfe
Zur Wärme hängen deine Strümpfe,
Denn in die warme Stube fein
Gestank und Mief zieht darin ein,
Daß manche Frau und mancher Mann
Kaum recht noch Atem holen kann:
Das ist dem Kopf gar ungesund,
Drum sollst du auch zur selben Stund
Den vorigen Geruch austreiben.
So mag eins nicht beim andern bleiben
Und dein Gestank zur Nase streichen,
So muß der erste ihm bald weichen:
Drum sagen sie dir alle Dank,
Daß du wohl hast alten Gestank
Vertrieben und die Luft purgiert,
Darauf noch mancher Arzt studiert.
Mißfällt es jemand, gib nichts dran,
Wer kann gefallen jedermann?
Weil sich denn niemand so verhält,
Daß jedermann er wohlgefällt,
So wiß, daß du dich halten mußt,
Daß niemand du gefallen tust.
Bedien dich stets Minervas Kraft,
Tu nur nach deiner Eigenschaft.
Denn niemand sich wohl unterwind
Der Dinge, die unmöglich sind.
Schau auch, wenn es zu reden gilt,
So sei mit Worten frei und mild
Und halte lange Narration,
Auch wenn in Kürze es ging schon:
Nichts sag so kurz und schlicht daher,

Wie das Lied geht: Was den Leuten lieb ist, das meid ich, was den Leuten leid ist, das treib ich.

Viel Geschrei und wenig Wollen.

Ein Wort oder vierhundert und damit kein Ende.

Als ob's ein leichter Handel wär,
Brauch lieber weitläufig Manier
Und mach aus einem Wort wohl vier:
So meint ein jeder, der das hört,
Dir sei Rhetorik einst gelehrt.
Zuerst: Bevor du nennst die Sachen,
Sollst einen langen Umschweif machen.
Sollst neunzig Sachen wohl probieren,
Die Rede dazu abbrevieren,
Und schau, wie du mit großen Sachen
Die Gäste bringst zu frohem Lachen,
Hast du dann Stoff wohl nicht genug,
Nimm, was du willst, es ist dein Fug.
Sprich von den alten Römerkriegen
(Und lüg, daß sich die Balken biegen),
Auch von des Alexanders Schlachten
Und was die Griechen wunders machten,
Bis sie die Stadt Troja einrannten,
Und wie sie sie zuletzt abbrannten.

Conticuere omnis, attentique ora tenebant.

So werden sie dann schweigend sitzen,
Die weiten Ohren auf dich spitzen.
Hast du sie dann gebracht in Schwang,
So komm gemächlich, breit und lang
Mit andren schalen Possen her,
Sag ihnen eine weitre Mär.
Und so dir jemand unter allen
In deine süße Red wollt fallen
Und spräch: Hör auf mit Spintisieren,
Den sollst du je nach Lust vexieren
Und deinen Zorn auf ihn ausschütten,
Sprich: Schäme dich der groben Sitten,
Daß du mir fällst wohl in mein Wort,

Wo lernt man das, an welchem Ort?
Man stört nicht einen Ehrenmann,
Daß er drei Wort nicht reden kann.
Damit machst du zum Freund dir Gäste,
Die da zugegen bei dem Feste,
Sie werden deinen Widerpart
Mit Worten strafen grob und hart,
Daß er dich dann läßt reden aus
Und kleinlaut schweigt wie eine Maus.
Auch sollen deine Kleider fein
Von unterschiednen Farben sein:
Denn das Gesicht belustigt sich
An fremden Farben wunderlich:
Warum soll auch gefallen nicht,
Was draußen grell ins Auge sticht?
Sieh an, wie schön der Regenbogen
Am Himmel ist mit Farb gezogen,
Desgleichen auch jeder Planet
In seinen eignen Farben steht.
Sieh all die schnellen Vögel an,
Was sind für schöne Federn dran:
Auch Edelsteine Namen haben,
Die ihnen ihre Farben gaben.
Ich schweig von Farben, die man halt
An Blumen findet dergestalt.
Du magst in summa nicht entscheiden,
Welch Farb muß alle Dinge kleiden.
Wer der Natur nachleben tut,
Des Leben schätzt man recht und gut.
Drum folg ihr nach und tu nach ihr,
Sie wird den Weg wohl zeigen dir.
So kleid dich gelb, grün, blau und rot

Seltsame Kleider, seltsamer Sinn.

Natura paucis contenta est. Wenn wir der Natur nachlebten, Füllen und Prassen würden bald abnehmen.

Und wie dir's tut zur Narrheit not,
Es sei nur fein in eins gesetzt,
So wirst für weise du geschätzt.

Ganze Kleider galten früher als fein, jetzt müssen sie zerstückelt sein.

Sollst auch die Kleider all zerschneiden,
Kein ganz Gewand nicht an dir leiden.
Denn wer sich jetzt nicht kleidet so,
Daß ihn nicht machen Lumpen froh,
Den heißt wohl bald man Bauern-Knolle
Und Knebel von der Ackerscholle.
Nennst du zerrißne Kleid' dein eigen,
Sollst auf der Gasse dich drin zeigen:
Bis auf die Knie häng Seide raus,
Daß mancher macht ein Wams daraus
Und setzt dich gleich drum vornean
Und heißt dich einen Edelmann,

Der Name ist gut.

Denkt auch, du würdest Landsknecht sein
(Der Frommheit Name lautet fein):
So doppelt man dir deinen Sold,
Kriegsleuten sind die Kronen hold.
Es kommt auch mancher an das Brett,
Der ordentliche Kleider hätt,
Es brächt ihm großen Schaden gar
(Er merkt' es nicht einmal fürwahr).

Notate, ihr Grobianer, welchen Nutzen es hat, die Kleider zu zerstückeln.

Sorg auch nicht, daß dein Kind und Weib
Noch wohl möcht tragen an dem Leib
Ein Kleid, das man dir hat zerschnetzelt,
Zerpickt, zerkerbt und kleingefetzelt,
Und laß die Kinder nackend gehen,
Das wird euch allen gut anstehen.

Eisenfresser, Marterhans.

Wo du hingehst, sei drauf erpicht
Und hab ein grausam, frech Gesicht,
Scharf, mürrisch, trotzig, grell und wild

(Gleich wie man malt des Teufels Bild),
Mehr als man sagt von alten Weisen,
Stell dich, als ob du fräßest Eisen.
Sollst auch bestimmt nicht lachen, eh
Ein großes Schiff wohl untergeh,
Bis daß ein ganzes Land verdorben
Und gar ein Staat sei ausgestorben.
Wer dich dann sieht in der Gestalt,
Wird ohne Zweifel sagen bald,
Du hättest vieles auszurichten
Und wärst ein Mann von großen Pflichten.
Also kommt dir aus solcher Weis
Allzeit nur Lob, Ruhm, großer Preis.
Wenn du gewesen bist zu Gast
Und dich sehr wohl gefüllt dort hast,
So sag dem Herren nimmer Dank,
Das ist gewiß ein guter Schwank:
Zieh heim, mach nicht viel Gratias,
Es mag ihm doch nicht helfen das.
Doch wär es gut, wenn du voran
Wohl Zank mit ihm gefangen an,
So magst du ihm mit Zorn und Schelten
Sein Nachtmahl schon genug vergelten.
Klag, wie er hab nach schlechter Weise
Gegeben dir nur grobe Speise.
Der Frau sollst einen Text du lesen,
Die Kost sei gar nichts wert gewesen,
Gib ihnen also schlechte Noten,
Sie hätten dir nicht viel geboten.
Zum Kellermeister sollst du sagen,
Kein guter Wein wär aufgetragen,
Man hab dich nicht genug geehrt,

Lach nicht, es sei denn, ein Dorf wäre untergegangen.

Undankbarkeit ist ein großes Laster.

Gutes mit Bösem zu vergelten, ist mehr bübisch als grobianisch.

Wie es deiner Grobheit zustünde.

Wie es für Herren sich gehört.
Auch sei dir Gutes nicht geschehen
(Du sollst dazu ganz trutzig sehen),
Und nimm dich allermaßen an,
Du seist ein gar erzürnter Mann.

Dieser Gast weiß sich zu empfehlen.

Sollst auch von seinem Aufführn sagen
Und viel von seinen Kindern klagen,
Wie daß sein Sohn ein Spieler sei,
Ein Buhler, Weinschlauch auch dabei,
Und wie er Leute hab beschissen
Und faule Zoten sonst gerissen,
Auch wie er einst am fremden Ende
Gebraucht hab die gekrümmten Hände
Und was dir sonst kommt in den Sinn,
Das sag getrost nur zu ihm hin:
Und stell dich ganz entrüstet an,
Daß dies ihn stark verdrießen kann.
Dann laß ihn also zornig sitzen,
Daß er vor Bosheit möchte schwitzen,
Und ziehe heim, acht seiner nicht,
Du hast gehalten gut Gericht.

Wenn er sollte zürnen, so zürne du zuvor, so verliert er das Spiel.

Des andern Tags, wenn du ihn sichtest,
Schau, wie du es mit ihm wohl richtest,
Versöhn den alten Zorn nur immer,
Er möchte dich sonst laden nimmer:
Geh zu ihm hin mit frohem Lachen,
Du mußt ihn dir gewogen machen.
So sprich: Ich weiß nicht wie und was,
Ihr wart wohl gestern nicht zupaß:
Laßt Ihr Euch so leicht zornig machen
Durch liederliche schlechte Sachen,
Die ich da nur geredet hab

Zu Kurzweil, Spott und als Zugab,
Und habt Ihr's gleich ernst aufgenommen,
Ei potz, wie seid Ihr drauf gekommen?
So muß er es als Spaß verstehen,
Als Weinred lassen wohl hingehen,
Und kann es dir nicht nehmen krumm,
Wird bald begehren wiederum,
Zu laden dich als Gast-Gesellen.

Es ist ohne Absicht gesagt worden.

Auch kannst du dich wohl anders stellen,
So du nicht willst, daß er dich haß,
Und magst die Sach verdrehen baß:
Sag ihm, es hab ein alter Mann
Dir diese Sachen kundgetan,
Daß führ sein Sohn ein solches Leben,
Dem du jedoch nicht glaubtest eben,
Du dachtest gleich, es sei nicht wahr,
Und schmeichel dich ihm also dar:
So sagt er dir dann großen Dank,
Wenn das nicht wär ein guter Schwank!

Hat es etwa reden gehört, sagt es danach als eine Wahrheit weiter.

Merk, wenn du auch ein Ämtlein hast
Und dieses dich erhöht auch fast,
Als ob du nur allein wärst klug
Und niemand sei dir gut genug.
Auch treibe allzeit große Pracht
Und leid nicht, daß man dich veracht't:
So sag ich dir zu dieser Frist,
Was neulich widerfahren ist
Ei'm Herren, der in fremden Landen
Auf einer Hohen Schul gestanden:
Allda hätt er so wohl studiert,
Daß er gar bald ward promoviert
Und schnell aus der Studenten Orden

Ist ein Magister gleich geworden.
Als ihm die Ehre war geschehen,
Wollt er einmal die Eltern sehen
Und schauen, wie daheim es stünde
Ums Vaterland, um seine Fründe.
Und nach der ersten Tagesreise
Fand er zur Nacht Herberg und Speise.
Dort eine edle Jungfrau war
Zur Freude des Magisters gar.
Als nahte nun die Essenszeit,
Zu Tische setzt' der Wirt die Leut:
Da hoch er den Magister schätzte,
Zur Jungfrau er geschwind ihn setzte;
Derselbe weigerte sich nicht
Und unterzog sich gern der Pflicht,
Er prangte neben der Jungfrau,
Trug edle Hofzucht ihr zur Schau.
Die ihm erwiesne große Ehr
Verdroß den nächsten Gast gar sehr,
Der auch an dieser Tafel saß
Und nicht lang wollte leiden das.
Der war zur Schalkheit wohl bereit
Und spekulierte lange Zeit,
Wie ihm der Streich konnte gelingen,
Den anderen in Schand zu bringen:
Denn er dem wohlgelehrten Mann
Mißgönnte seinen Sitz voran,
Der an Betrug doch nicht gedacht,
Der Neider gab auf ihn gut acht,
Was er auch täte, sprach, begann;
Der griff zur selben Stund sodann
Mit einer Hand an seinen Kopf

Ein Exempel eins neidischen Grobianers.

Invidet figulus figulo, vel egenus egeno.

(Dasselbe sah der neid'ge Tropf),
Daran er nur ein wenig kratzte,
Nun hört, wie ihn der Knebel fatzte:
Magister, schämt Euch dieser Weise,
Habt Ihr noch immer so viel Läuse?
Ei, beißen sie Euch noch so sehr,
Ich meint, Ihr hättet keine mehr,
Kam Euch die Salbe nicht zustatt,
Die Euch der Apotheker hat
Zum Läusen neulich ordiniert,
Mit der den Leib Ihr habt geschmiert?
Er ist sonst ein geschickter Mann,
Der gut dergleichen richten kann.
Dasselbe er so ernstlich sagte,
Daß nicht allein die Jungfrau wagte,
Zu schwören einen Eid drauf auch,
Es wär so, wie es sprach der Gauch.
In Schanden der Magister saß,
Denn jedermann wollt glauben das.
Er saß ganz still an seinem Ort
Und sprach danach kein einzig Wort:
Denn er besann sich auszudenken,
Wie er wollt die Entgegnung lenken,
Daß jener wär, der hätt verlorn,
So war sein Herz voll Scham und Zorn,
Daß ihm so große Schand geschahe
Von einem, der bei Tisch saß nahe,
Und mocht nicht auftun seinen Mund,
Den Schelm zu strafen zu der Stund;
Und mußte so in Schanden stehen,
Daß einem es zu Herz konnt gehen.
Das sollst du wohl als Beispiel nehmen

Da sollte Faust und Maul ein Ding gewesen sein.

Wenn grobe Leute nichts schaffen, so irren sie doch.

Und dich vor keinem Menschen schämen,
Auch nicht, was du zu jemand sagst,
Den du zu Schanden bringen magst.
Der Sach noch viel zu sagen wär,
Jedoch das Buch würd gar zu schwer.
Drum wende selbst dein Sinnen dran,
Denn ich nicht alles schreiben kann,
Brevis esse laboro.
Dies sei gesagt dir kurz und gut,
Wie mich das Flaccus heißen tut.
Nimm dieses dir als Lehre an,
Stets habe ein Gefallen dran,
Was grobe Knollen, Knöpfe, Flegel
Und ungeschickte wüste Kegel
Mit ihrer Grobheit mögen treiben,
Bei diesen sollst du allzeit bleiben.
Hüte dich vor Weisheit wie vor einem schlagenden Pferd.
Was aber weise, tapfre Leut
Gebieten, halt zu keiner Zeit.
Und wo du kannst mit groben Sachen
Den Burschen ein Gelächter machen,
So hast getan du deine Pflicht,
Brauchst keinen andern Richter nicht.
Nimm also dies im Guten an
Und bleib allzeit ein Grobian.

Ende.

Plures fanfaras alias tibi dicere possem,
Sed mihi plus testam rumpere nolo meam.

Beschluß

Wohlan, es ist nun vorgestellt
  Gewalt und Grobheit dieser Welt:
Ich hoff, mit lächerlichem Schein
  Werd es auch vielen nützlich sein
Und werd ein jeder sich erkennen,
  Hört seiner Stücke er eins nennen.
Denn manchem steht's bis an die Ohren,
  Der lang das Gegenteil geschworen.
Ich selber steck so tief darin,
  Daß ich nicht rauskomm mit Gewinn,
Gleich wie dereinst Sebastian Brant
  Sich einen Narren hat genannt
Und sich gesetzt voran ins Schiff
  Gar mutig mit behendem Griff.
Weil ich der letzte bin geworden
  In diesem Grobianer-Orden,
Bitt ich die guten Freunde alle
  Zum Schluß, daß ihnen wohlgefalle,
Mich in den Orden aufzunehmen,
  Sich meines Namens nicht zu schämen.
Und daß sie mich für würdig schätzen,
  In ihrer Schul zur Türe setzen
Und geben ihren Schlüssel frei,
  Daß ich Pedell und Pförtner sei:
Wenn zu uns käm ein gut Geselle,
  Daß ich weiß, was er haben wölle.

Grobianorum infinitus est numerus.

Nehmt mich zu euch, ihr Brüder.

Gefall ich Euch in solchem Schein,
Will ich des Ordens Schreiber sein.
Ich will es nun wohl lassen bleiben,
Ein andermal noch mehr aufschreiben.
Doch will ich kräftig protestieren,
Wenn jemand ich schon hier würd rühren,
Daß er mir nicht antrüge Haß,
Man kennt ihn sonst ja desto baß.
Drum seht es nicht für übel an,
Ich hab's niemand zu leid getan,
Niemand zu Nachteil, Schaden, Trutz,
Allein zu eines jeden Nutz.
Wenn einer mir sollt dennoch fluchen,
So werd ich seine Laster suchen,
Sie aufzuschreiben scheuen nit,
So ist er mir, bin ich ihm quitt.

Conscius ipse sibi, de se putat omnia dici.

Getroffner Hund nur schreien will,
Wenn schon die andern schweigen still.
Auch kratzen allweg ihren Grind,
Die räudig oder krätzig sind.
Viel besser täten sie daran,
Des Zorns zu nehmen sich nicht an,
Und ließen ihn nur eben sein,
Als passen sie nicht zu uns rein:
Käm ihnen übel dann wer an,
Zu Recht sie hätten Ärger dran.
Denn Grobheit ist in jedem Stand
Nur allzu viel in Teutschem Land.
Es tut nicht not, daß ich es sage,
Denn offen liegt es ja zutage,
Daß auch der Mensch wird ärger schier
Als ein grob unvernünftig Tier,

Wenn er sich also übernimmt
  Und nicht dran denkt, daß es wohl stimmt,
Er sei nach Gottes Bild gemacht,
  Sei so aus Staub und Kot vollbracht
Und Gott hätt ihm verheißen eben
  Nach dieser Welt ewiges Leben.
Wir schlagen alles in den Wind
  Und wollen sein des Teufels Kind.
Dem sauer kommt die Hölle an,
  Der nicht zum Himmel finden kann.
Von Heiden liest man solches nit,
  Da Teutschland jetzt tut prangen mit.
Zog nicht Plutarch das in Betracht,
  Hat einen Dialog darauf gemacht
In dem er tut von Grillus schreiben,
  Der lieber eine Sau wollt bleiben,
Als daß er sollt auf dieser Erden
  Erneut zu einem Menschen werden.

Grillus will lieber eine Sau sein denn ein Mensch.

Auch weiß bekanntlich jedermann,
  Daß man nichts Wüstres finden kann
Als eine Sau in ihrem Mist,
  Die glücklich und zufrieden ist.
Soll man den Menschen nicht vergleichen
  Mit einer Sau als seinesgleichen?
Ja noch viel ärger hält sich der,
  Als manches Vieh oft kommt daher:
Dasselbe bleibt in der Berufung,
  Wie Gott es vorsah bei der Schöpfung,
Damit es arbeit männiglich,
  Und blickt aufs Erdreich unter sich;
Den Menschen schuf er, daß er kann
  Gestirn und Himmel sehen an,

Quid mentem traxisse polo, quid iuverit altum erexisse caput, pecudum si more feramur?

Dabei gedenken seines Herrn,
  Der solche Ehre gab ihm gern.
Wohlan, wer keinem folgen will,
  Bei dem soll man nur schweigen still.
Das ist zu unsrer Zeit nicht neu,
  Man soll nicht Perlen vor die Säu
Hinwerfen, wie uns Christus sagte,
  Als er von solchen Säuen klagte.
Hiermit will jedermann ich bitten,
  Das Büchlein sei bei ihm gelitten,
Er nehme es mit Ernst in acht,
  Es ist zur Fröhlichkeit gemacht,
Doch daß man's les mit dem Bescheid,
  Daß Nutz sei bei der Süßigkeit:
Es ist geschrieben euch zur Lehre,
  Ein jeder such drin Gottes Ehre.
Ja, besserten sich zehn daran,
  Die Arbeit wär mit Nutz getan.
So will ich es umher nun senden,
  Ich hoff, es soll viel Unzucht wenden.
Will allen haben es befohlen,
  Die wollen Nutzen sich draus holen:
Daß sie, wenn sie dies Büchlein lesen,
  Dran denken, wer sie sind gewesen
Und was sie noch sind für Gesellen
  Und was sie künftig werden wöllen.
Auch wer es in Gesellschaft trage,
  Daß er es gütlich weitersage,
So er den Bruder irren sieht,
  Der zürne nicht, wenn es geschieht.
Wir bitten Gott, daß er uns gebe,
  Daß man hier rein und nüchtern lebe,

Daß er die Sünd nicht siegen laß
  Und wir stets ziehn die rechte Straß
Ohn Sünd und Makel alle Zeit,
  Hiermit beschließt es Caspar Scheidt.

Nil erit ulterius quod nostris moribus
  addat posteritas.

Gedruckt zu Worms
durch Gregor Hoffmann

Anmerkungen

(Wo kein anderer Hinweis erfolgt, handelt es sich um Übersetzungen aus dem Lateinischen.)

25 Hic nullus verbis ... – Hier nimmt man kein Blatt vor den Mund oder erweist der Tischzucht keine Reverenz. Zu Wort kommt nur das viehische Geschlecht der Grobianer.

27 Sirach – Das Buch »Weisheit des Jesus, des Sohnes des Sirach« gehört zu den apokryphen Büchern der Bibel. »Das Sirachbuch ist das wohl eindrucksvollste Beispiel für die jüdische Weisheitsliteratur. Im Unterschied zum Buch der Sprüche [...] ist es nicht eine Sammlung unterschiedlichen Materials, sondern das einheitliche Werk eines Verfassers, wahrscheinlich sogar der Niederschlag von dessen Lehrvorträgen und Diskussionen.« (Jürgen Roloff)

28 Heu quam ... – Ach, wie schwer ist es, die verkehrten Sitten auszutreiben.

30 *porco tedesco* – (ital.) deutsches Schwein.
inebriaco – (ital.) Säufer.
Aleman yurogne – (franz.: Allemand ivrogne) deutscher Trunkenbold.
Comedones – (lat./span.) Prasser, Schlemmer.
Bibones – Zechbrüder, Trinker.

32 *Pyrrha und Deukalion* – Nach der griechischen Sage war Deukalion, Sohn des Prometheus, der Stammvater der Hellenen, der sich und seine Frau Pyrrha in einem hölzernen Kasten vor der Sintflut rettete, die Zeus dem sündigen Menschengeschlecht als Strafe schickte. Aus den Steinen, die beide auf Befehl eines Orakels hinter sich warfen, wurden Menschen.

32 *Thersites* – In Homers »Ilias« ein Grieche im Lager vor Troia, als lahm, häßlich, geschwätzig und als keifender Demagoge dargestellt. Achilles tötete ihn, weil dieser ihn wegen seiner Liebe zu Penthesilea verhöhnt hatte.

34 *Nitimur in vetitum ...* – Wir leben immer nur vom Verbotenen, wir begehen immer, was man uns versagt.

35 *überrumpelt* – übersetzt, übertragen.

36 *der ganzen kunstliebenden Wittenbergischen Gesellschaft* – Als Scheidt den »Grobianus« ins Deutsche übertrug, befand sich Dedekind in Wittenberg, wo er 1550 zum Magister promoviert wurde. Wie Dedekind war auch Scheidt Anhänger Luthers. Einer der Herausgeber des Grobianus, Rolf F. Day, spricht von einer »antikatholischen Tendenz des Grobianus« und führt aus: »Diese ist bei dem protestantischen Schulmeister Scheidt, der sein Werk der ›ganzen kunstliebenden Wittenbergischen Gesellschaft‹ ausdrücklich anempfiehlt, anscheinend stärker ausgeprägt als bei dem späteren Superintendenten Dedekind.«

37 *Lourdemont* – (franz.) etwa: Tölpelberg.

Bacchus – Lateinischer Name des griechischen Weingottes Dionysos, ursprünglich Gott der Fruchtbarkeit. Ihm zu Ehren wurden in Attika Dionysien (sinnenfrohe Feste) gefeiert, in deren Mittelpunkt eine Prozession mit phallischen Symbolen als Ausdruck von Zeugungskraft und Fruchtbarkeit standen.

Ceres – Römische Göttin des Getreides und des Ackerbaus, die jedoch bald mit der griechischen Demeter (der »Korn«mutter) verschmolz. Der Kultus der Demeter wurde unter dem einheimischen Namen zusammen mit demjenigen des Dionysos 496 v. Chr. bei einer Hungersnot eingeführt. Hier im eindeutigen und anzüglichen Zusammenhang mit dem Gebaren der Grobianer gebraucht.

Grobiana – In der Nachfolge der Scheidtschen Fassung, die ihm sehr zusagte, griff Dedekind bei einer 1552 von ihm herausgebrachten neuerlichen Fassung des »Grobianus« auf dessen Erweiterungen zurück, die er zum Teil in einem dritten Buch hinzufügte. »Dessen Schlußkapitel ist speziell der Grobiana gewidmet und handelt von den Sitten, welche den Jungfrauen in und außer dem Hause, bei Gastmählern und anderwärts geziemen; auf dem Titel erschien die Grobiana jedoch zuerst in der übrigens ganz gleichlautenden Ausgabe von 1554.« (Gustav Milchsack)

38 *das edle ... Buch von der Kunst zu buhlen* – Gemeint ist Ovids »Ars amatoria«.

Obsopoeus – Eigentlich Vinzenz Heidecker oder Heidnecker (gest. 1539), Philologe und lateinischer Dichter. Er studierte in Wittenberg und Leipzig, übersetzte und edierte Lutherische Schriften, gab zahlreiche lateinische und griechische Klassiker heraus (u. a. Lukian und Homer). Sein bekanntestes Werk (ein an Ovids »Ars amatoria« angelehntes Lehrgedicht) trägt den Titel »De arte bibendi libri tres« (1536; Drei Bücher über die Kunst des Trinkens). »Die Dichtung gehört zum literarisch weitläufigen Komplex der sogenannten Trunkenheitsliteratur und lieferte – mit durchsichtiger Ironie – die Rezepte und Regeln der feineren oder auch groben Geselligkeit.« (Wilhelm Kühlmann)

Nekromantie – (griech. Totenorakel) Totenbeschwörung mit dem Ziel, die Zukunft zu erfragen. Als dazu benötigtes Mittel galt warmes Tierblut, aus dem die Schatten der Unterwelt Kraft schöpften, um die an sie gerichteten Fragen beantworten zu können. Hier abwertend: Spuk- und Zauberwerk.

in welschen Landen – Welsch (nach dem keltischen Stamm der Volcae), ursprünglich soviel wie: keltisch, später romanisch; hier: in den südlichen Ländern Europas (vor allem Italien und Frankreich).

Sieben Freie Künste – Lateinisch die »Septem artes liberales«, von der Spätantike bis zur frühen Neuzeit die zur Ausbildung eines »freien Mannes«

notwendigen Fächer, an der sogenannten Artistenfakultät gelehrt. Sie waren Voraussetzung für ein Studium der Theologie, Philosophie, Jurisprudenz oder Medizin. Im einzelnen: Grammatik, Dialektik, Rhetorik (das Trivium = Dreiweg), Arithmetik, Geometrie, Musik und Astronomie (das Quadrivium = Vierweg). Abschluß mit dem Magister artium.

39 *Atropos* – Eine der Moiren, der griechischen Schicksalsgöttinnen.

42 *Silvanus* – Römischer Gott des Waldes, der Gehöfte und Gärten. Hier: grober Geselle, Mitstreiter.

Satyrn – Naturdämonen der griechischen Sage, Waldgötter, »des oberen halben Leibs als Menschen, außer daß sie Hörner und lange spitze Ohren hatten, untenzu als haarichte Geißböcke gestaltet« (Johann Michael Moscherosch, »Gesichte Philanders von Sittewalt«). Das Zeitalter übersetzte den Begriff Satyr (als »Stammvater der Satire« – Peter Triefenbach) mit »wilder Mann« (Matthias Feldges).

Pfaffe vom Kahlenberg – »Geschichten des Pfarrers vom Kahlenberg«, Schwanksammlung des Wiener Bürgers Philipp Frankfurter aus der 2. Hälfte des 15. Jahrhunderts. Die teilweise derben Streiche des Kahlenbergers richteten sich gegen Bauern, geistliche Amtsbrüder (sogar den Bischof) und Adlige.

Markolf – Aus dem Orient stammende und über das Lateinische ins Deutsche gelangte Schwanksammlung unter dem Titel »Salomon und Marcolf« mit teilweise derben Späßen und Streichen (1510-1593 etwa 10 Drucke). Der Schweizer Zacharias Bletz hat den Stoff zu einem Fastnachtsspiel verarbeitet und setzte »in den Schwänken Markolfs am Hofe Salomons bäuerlichen Mutterwitz gegen humanistische Schulweisheit«. (Hans Rupprich). Der Markolf-Figur begegnet man auch in einem Fastnachtsspiel von Hans Folz, »Von dem König Markolfo« (Ende 15. Jh.); sie hat Scheidt als einen der Gründer des Grobianer-Ordens bezeichnet.

Ubi non est ... – Wo keine Narrenkappe ist, da ist kein Spaß.

44 *Sine Cerere ...* – Ohne Ceres und Bacchus verkümmert Venus (d.h. die Liebe, die Liebelei).

45 *Arrige aures, Pamphile* – Spitz die Ohren, Pamphylus. Anspielung auf die Komödie »Andria« des römischen Komödiendichters Terenz (um 195-159 v. Chr.), in der die Figur des Pamphylus Adulescens auftritt. Hier als Synonym für Grobianer gebraucht.

51 *Per risum multum ...* – Am häufigen Lachen erkennt man den Dummkopf.

53 *Beanus* – Ungeschickter, grobianischer Mensch. Bezeichnung für einen neu immatrikulierten Studenten, dem die Universitätssitten noch unbekannt sind.

57 *Audaculus* – Aufschneider.

Simile gaudet simili – Gleiches erfreut Gleiche.

63 *Tarde venientes ...* – Spätes Kommen, schlechte Plätze.

Ut dici solet – Wie man gemeinhin zu sagen pflegt.

Nos poma natamus – Wir schwimmen wie Früchte; hier: Wir sitzen in einem Boot, sind alle gleich.

64 *Maiori cede ...* – Dem Großen weiche, den Kleinen stoße mit dem Fuß weg.

67 *Porco tedesco* – (ital.) Deutsches Schwein.

69 *Ut in convivio ...* – Wie beim bekannten Gastmahl Lukians. Lukianos (um 120 – 180), syrischer Autor griechischer Sprache, Satiriker, Meister des literarischen Dialogs. In »Das Gastmahl oder Die neuen Lapithen« kommt es zu Ausschweifungen und heftigen Auseinandersetzungen unter den Gästen.

70 τροχίλος *sive regulus* – (griech./lat.) Kiebitz oder König.

Quotidianus... – Der Grobianer alltäglicher Brauch.

74 *neue Zeitung* – Neuigkeiten, Gerüchte, Nachrichten vom Hörensagen.

Ineptus, insulsus – Töricht, geschmacklos.

75 *Roma caput mundi* – Rom, Hauptstadt der Welt.

77 *Ad propositum* – Zum Thema.

78 *Zenon* – Zenon aus Kition auf Zypern (um 355 bis um 262 v. Chr.), griechischer Philosoph, Begründer der Stoa.

Kyniker – Griechische Philosophenschule des Altertums, deren Mitglieder »wie die Hunde« lebten (von dem griechischen Wort »kyon« = Hund), einfach, bedürfnislos. Die Ablehnung dieser Lebensweise führte zu den abwertenden Begriffen Zyniker, Zynismus.

Amatores inepti ... – Liebhaber sind töricht, blind und dumm.

79 *Ut solent in Gallia... – Wie es in Frankreich Sitte ist, so geschehe es dem Grobianer auch.*

80 *Un gentil veau* – (franz.) Ein nettes Kalb.

81 *Clotho colum* ... – Klotho knüpft den Faden, Lachesis spinnt ihn, Atropos schneidet ihn ab.

Trasones nostri ... – Unsere Galgenstricke und stolzen Krieger. Anspielung auf das Terenz-Stück »Der Eunuch«, in dem die Figur des Thraso miles, eines bramarbasierenden, d. h. aufschneidenden Offiziers auftritt.

82 *Au diable* ... – (franz.) Zum Teufel mit dem Schurken.

83 *Quatuor ex vento* ... – Aus unterdrückten Fürzen kommen vier Übel: Bauchgrimmen, Wassersucht, Koliken, Schwindel, diese vier.

84 *Tractant* ... – Handwerker machen Handwerkliches

85 *Grillus grillat* – Soviel wie: Grillenhansel prahlt.

Vanitas vanitatum ... – Alles ist eitel.

Facilis ... – Schnell ist man in in den Abgrund gestoßen.

86 *Si fueris* ... – Wenn du in Rom gewesen bist, lebe nach römischem Brauch.

Ars neminem ... – Die Kunst hat niemanden zum Feind, nur den Dummkopf.

88 *Stultitiam* ... – Der Torheit den Weg verlegt zu haben ist das Verdienst der Weisheit.

89 *Chiron* – Ein Kentaur; Fabelwesen der griechischen Sage mit menschlichem Oberkörper und Pferdeleib; erzog Achill.

90 *Principiis obsta* – Wehre den Anfängen.
91 *Pilatus* – Pontius Pilatus, römischer Prokurator von Judäa (26-36). Außerbiblische Quellen bezeichnen ihn als rücksichtslosen Machtpolitiker, der die römischen Interessen gegenüber den Juden brutal durchsetzte.
91 *Acutissima ingenia* – Die scharfsinnigsten Geister.
93 *Phryges non* ... – Die Troer werden nicht geändert, es sei denn durch Gewalt.
Johannes in eodem ... – Johannes dortselbst ...
96 *Magno cachinno* – Mit dröhnendem Gelächter.
98 *Plinius* – Plinius der Jüngere (61/62 – um 113), Neffe von Plinius dem Älteren, römischer Beamter und Schriftsteller, hat den Tod des Onkels beim Vesuvausbruch beschrieben (die einzige erhaltende Beschreibung der Katastrophe, worauf sich die Anspielung des Textes offenbar bezieht).
99 *Johannes sine cura* – Johannes Ohnesorg, soviel wie: Hans Unbedacht.
Mach ein confusum chaos – Veranstalte ein wildes Durcheinander.
100 *Un grand brouillon* – (franz.) Ein großer Wirrkopf.
Schwarzer Reiter – Hier: Miesmacher, Nörgler; ursprünglich Bezeichnung für eine im 16. Jahrhundert entstandene berittene Truppe, deren Angehörige ihr eisernes Schutzzeug schwarz lackierten; auch Deutsche Reiter genannt.
101 *Totum extra*... – Alles heraus, daß nichts drin bleibt.
102 *Le banquet*... – (franz.) Das Gelage der Trunkenbolde.
103 *Vinum laetificat* ... – Wein erfreut das Herz des Menschen.
104 *Ignaum pecus* ... – Träges Vieh und unnütze Last der Erde.
Krause – Glas, Trinkgefäß.
111 *Voce stentorea* – Mit Stentorstimme. Stentor, in der griechischen Sage ein Herold vor Troia, hatte eine Stimme wie fünfzig Männer.
112 O *narrabo* – Oh, ich werde erzählen.

113 *Cetera quid...* – Was immer ich registrierte, ich sah nur Lobenswertes.

Enumerat... – Der Krieger zählt seine Wunden auf.

114 *Pastoret oves* – Der Hirte und die Schafe.

Navita de ventis – Schiffer vor den Winden.

116 *Aliena monstra ...* – Fremde Greuel erkennt man, die eigenen nicht.

Sona, historia, ... – Ertöne, Historie, o falsche, o wahre.

Herzog Ernst – Spielmannsepos in Gestalt einer phantastischen Reiseschilderung unter Einbeziehung orientalischer Märchen Sindbads des Seefahrers. Machtpolitische Auseinandersetzungen im 17. Jahrhundert bilden den Hintergrund des »Volksbuches vom Herzog Ernst«.

Sigenot ... Wolf Dietrich ... Sankt Brandon – Anspielung auf abenteuerliche Erlebnisse der Helden in den Dietrich-Epen des 13. Jahrhunderts, die sich um den sagenhaften Helden Dietrich von Bern ranken (Vorbild war der Ostgotenkönig Theoderich, um 434-526). Die Dietrich-Epen gehen auf das Nibelungen- und das Kudrun-Lied zurück und sind angefüllt mit Abenteuern, Kämpfen, Siegen und Niederlagen der Helden. Der Stoff war noch im 16. Jahrhundert außerordentlich beliebt. Hier wird er als ironisch-satirischer Bezugspunkt für die Übertreibungen und Aufschneidereien der Grobianer benutzt.

117 *Natura ludit ...* – Die Natur hält uns zum besten.

118 *Furor arma ...* – Die Raserei schmiedet Waffen.

121 *Nox & amor ...* – Die Nacht, Amor und der Wein raten nicht mit Maßen.

122 *Latissimus campus* – Ein sehr weites Feld.

Grobianorum ... – Die Zahl der Grobianer ist unendlich. Motto, das auf die sogenannte Narrenliteratur zurückgeht und auf Sinnsprüchen der Bibel fußt.

126 *Helluonum ...* – Die Fragen der Schwelger.

128 *Periculum est ...* – Gefahr ist im Verzug.

129 *Obstinata gens* – Widerspenstige Sippe.

130 *Absit* ... – Abwesend zu sein, das wäre ein Fall von Majestätsbeleidigung.

Tarde venientes ... – Spätes Kommen, schlechte Plätze.

132 *Non est in medico*... – Es liegt nicht immer in der Hand des Arztes, daß der Kranke gesund wird.

die Finger liegen nieder – Die Finger sind vor Kälte unbeweglich.

dürrer Reiter – der Tod.

133 *Un droit pitaud* ... – (franz.) Ein rechter Dorftölpel.

134 *Hospitium vide ... si non vis credere* – Sieh die Gastfreundschaft ... Wenn du es nicht glauben willst.

136 *Animus est* ... – Das Gelüste (der Appetit) wird in der Pfanne entfacht.

Momus ... – Momus frißt alles. Momus (griech. Momos), Personifikation des Tadels, der Nörgelei, war nach Hesiod ein Sohn der Nacht, bei Lukian der Spötter unter den Göttern.

vexieren – verspotten, hänseln.

138 *Äolus* – Aiolos, der griechische Gott der Winde.

139 *Quid canis* ... – Was soll der Hund im Bad?

142 *Balthea laxabis* ... – Die Gürtel sollst du lockern, wenn du mit mir zu Tische gehst.

La belle contenance ... – (franz.) Das schöne Benehmen des Grobianers.

143 *Mundus nunc* ... – Die Welt hat jetzt einen anderen Geschmack.

145 *Nos poma natamus* – vgl. Anm. zu S. 63.

146 *Ignaum pecus* – Träges Vieh.

Caput tibi ... – Raucht dir der Kopf, lösche schnell mit unvermischtem Wein, damit dich das Feuer nicht verzehrt.

148 *Sic ars deluditur* ... – Wird deine Geschicklichkeit durch einen anderen in Frage gestellt, mach Ähnliches (wie er).

150 *Morolfwein* – Vermutlich Maulbeerwein (lat. moratum).

Zitwenwein – Mit Zitwer, einem Arzneimittel, gewürzter Wein.

150 *Alantwein* – Mit Alant gewürzter Wein. Alant, ein gelbblühender Korbblütler, enthält das nach ihm benannte Inulin (von Inula = Alant), ein altes Volksheilmittel gegen Katarrh.

Alterius siccas ... – Du sollst den Becher des anderen leeren, niemand aber deinen.

151 *Foecundi calices ...* – Wem die vollen Becher nicht die Zunge gelöst haben.

Temperamente – Bestimmende Eigenschaften des Gefühls- und Antriebslebens; die Typologie der vier Grundcharaktere nach dem griechischen Arzt Hippokrates (um 460 – 377 v. Chr.).

152 *Bis dat ...* – Doppelt gibt, wer schnell gibt.

156 *Ampla materia ...* – Große Fülle an Grobität.

157 *Saepe in banquetis ...* – Oft ist bei Banketten das Gespräch mit anwesenden feinen Damen eine süße Pflicht für dich.

158 *Non omnibus licet ...* – Nicht allen ist es erlaubt, Korinth zu besuchen. Korinth betreten zu dürfen, im 7. und 8. Jahrhundert v. Chr. eine mächtige Handelsstadt im alten Griechenland, galt als Auszeichnung und war nur ausgewählten Fremden erlaubt.

160 *Nulla calamitas sola* – Ein Unglück kommt selten allein.

166 *Un vaillant homme* – (franz.) Ein tapferer Mann.

168 *Nitimur in vetitium* – Wir sind dem Verbot gegenüber furchtlos.

169 *Muro bianco ...* – Eine weiße Mauer ist die Schreibtafel der Schmierfinken.

Totum extra ... – (lat./franz.) Alles heraus, aber fix.

171 *Ad calendas Graecas* – Nach dem Kalender der Griechen; soviel wie: niemals, am Sankt-Nimmerleins-Tag.

174 *Proficiat illi* – Er möge jenem helfen.

175 *Mens laeta ...* – Fröhlicher Sinn, Ruhe, gesunde Lebensweise.

178 *Criminor te...* – Ich verdächtige dich, du verdächtigst mich.

das Benedictio sprechen – den Segen, die Weihe erteilen; in der katholischen Kirche die Einsegnung einer Person oder Sache.

die Leviten lesen – Vorhaltungen machen. – Die Wendung geht auf den mittelalterlichen Brauch zurück, im Kloster versammelten Geistlichen zu Beginn des Tages Lebensregeln auf den Weg zu geben. Zu diesem Zwecke wurde aus der Bibel vorgelesen, z. B. aus dem 3. Buch Mose, Leviticus genannt, das Gesetze namentlich für Priester und Leviten (Helfer des Priesters beim Lesen der Messe) enthält.

Mulier taceat... – Das Weib schweige in der Kirche.

ein Predikant sein – Hier: Reden wie ein Prediger, Moral »predigen«.

179 *Furor arma ...* – Die Raserei schmiedet Waffen.

180 *Redde vices ...* – Tue Gleiches, oder höre auf, gerufen werden zu wollen.

Odi memorem ... – Ich hasse einen Säufer bei Sinnen.

Verba honoris... – Ehrenworte sind nicht bindend.

181 *Tarde venientes ...* – Spätes Kommen, schlechte Plätze.

182 *Laudat te ...* – Es lobt dich ein fremder Mund.

183 *Beneficiorum enumeratio...* – Die Aufzählung der Wohltaten ist ein Vorwurf.

189 *Ad consilium ...* – Du wirst nicht auf den Plan treten, bevor du gerufen worden bist.

192 *Exemplum simplicitatis morum* – Ein Beispiel einfältiger Sitten.

Welschland – Italien.

197 *Minerva* – Römische Göttin des Handwerks, der Künste und Fertigkeiten, unter deren Schutz auch die Ärzte standen.

Narration – Erzählung.

198 *abbrevieren* – verkürzen; hier ironisch gemeint.

Conticuere omnis... – Alle sind verstummt, gespannt halten sie die Mäuler.

199 *Natura paucis ...* – Die Natur ist mit wenig zufrieden.

200 *an das Brett kommen* – ins Gerede kommen.

Notate – Merkt auf!

201 *Gratias machen* – Dank sagen.

204 *Fründe* – Freunde.

Invidet figulus ... – Es beneidet der Töpfer den Töpfer oder der Bedürftige den Bedürftigen.

206 *Brevis esse*... – Ich will mich kurz fassen.

Plures fanfaras ... – Manch andres könnt ich dir doch noch sagen,/Würd aber viel Geschirr zerschlagen.

207 *Grobianorum* ... – Die Zahl der Grobianer ist unendlich.

Sebastian Brant – Schriftsteller und Gelehrter (1447 oder 1448 – 1521), Verfasser des berühmten »Narrenschiffs« (1494).

208 *Conscius ipse*... – Wer sich seiner Schuld bewußt ist, bezieht alles auf sich.

209 *Quid mentem* ... – Warum den Sinn gen Himmel richten, warum das Haupt in die Höhe recken, wenn wir uns doch wie Vieh benehmen?

211 *Nil erit ulterius*... – Es wird nichts Höheres geben, als was die Nachwelt unsren Sitten hinzufügt.

Bibliographische Hinweise

Fridericus Dedekindus: Grobianus. Hrsg. von A. Bömer. Berlin 1903

Friedrich Dedekinds Grobianus verdeutscht von Caspar Scheidt, Abdruck der ersten Ausgabe (1551). Hrsg. von G. Milchsack. Halle 1882

Friedrich Dedekind: Grobianus. De morum simplicitate. – Grobianus. Von groben Sitten und unhöflichen Gebärden. Deutsche Fassung von Caspar Scheidt. Mit einem Vorwort zum Neudruck der Texte von Barbara Könneker. Darmstadt 1979

Caspar Scheidt: Grobianus. Von groben sitten und unhöflichen geberden. Hrsg. von Rolf F. Fay. Stuttgart 1985

Grobianische Tischzuchten. Nach den Vorarbeiten Arno Schirokauers hrsg. von Thomas Perry Thornton. Berlin 1957

A. Schuster: Das Leben und Wirken Friedrich Dedekinds aus Neustadt am Rübenberge. In: Hannoversche Geschichtsblätter 2 (1899), S. 81 ff.

A. Hauffen: Caspar Scheidt, der Lehrer Fischarts. Studien zur Geschichte der grobianischen Literatur in Deutschland. Straßburg 1889

P. Merker: Die Tischzuchtenliteratur des 12. bis 16. Jahrhunderts. In: Mitteilungen der Deutschen Gesellschaft zur Erforschung vaterländischer Sprache und Altertümer Bd. 11. Leipzig 1913, S. 1 ff.

B. Zaehle: Knigges Umgang mit Menschen und seine Vorläufer. Ein Beitrag zur Geschichte der Gesellschaftsethik. Heidelberg 1933

Norbert Elias: Über den Prozeß der Zivilisation. Soziogenetische und psychogenetische Untersuchungen. Erster Band: Wandlungen des Verhaltens in den weltlichen Oberschichten des Abendlandes. Frankfurt/Main 1976

Friedrich Dedekind / Caspar Scheidt: Grobianus (1549/51). In: Satire im 16. Jahrhundert. Epoche – Werke – Wirkung. Von Barbara Könneker. München 1991, S. 118–129

Zu dieser Ausgabe

Schriftbild und Orthographie des Textes wurden modernen Lesegewohnheiten angepaßt. Wo es sich als möglich erwies, erfolgte eine wortwörtliche Übertragung. Um allzu häufiges Nachschlagen in den Anmerkungen vermeiden zu helfen, mußten heute nur schwer oder gar nicht mehr verständliche Passagen in enger ideeller Anlehnung an das Original neu gefaßt werden. Im fortlaufenden Text gebrauchte Fremdwörter wurden am Ort ihrer Verwendung ins Deutsche übertragen, wenn ihr Gebrauch nicht mehr üblich ist. Altertümlich anmutende Wendungen konnten erhalten bleiben, wenn sie dem Verständnis des jeweiligen Sinnzusammenhangs nicht entgegenstanden, wohl aber den holzschnittartig-derben Charakter des Textes unterstreichen. Unter letztgenannter Voraussetzung erfolgte von Fall zu Fall die Übernahme unreiner oder mundartlich bestimmter Reime. Mit demselben Ziel, aber auch aus versrhythmischen Gründen blieben lautliche Besonderheiten der Vorlage (*wöll* statt *wolle*) oder Wortkontraktionen (*han* statt *haben*) gewahrt. Da das Textbild nicht unvertretbar geglättet werden sollte, wurden die in den kommentierenden Randglossen herangezogenen fremdsprachigen Wendungen bzw. Sätze aus dem Original übernommen. Vereinzelt herangezogene moderne Formulierungen finden sich mit dem Ziel verwendet, ein sozusagen augenzwinkerndes Überspringen der Zeiten ermöglichen oder unterstützen zu helfen. Alle editorischen Entscheidungen galten dem Ziel, das ideelle Wollen sowie die sprachkünstlerische Gestalt des Originals so weit wie möglich zu bewahren und zugleich eine gute, Vergnügen stiftende Lesbarkeit zu gewährleisten. Der Übertragung wurden die Ausgaben von Gustav Milchsack und von Rolf F. Fay zugrunde gelegt.

Mein besonderer Dank gilt Frau Erika Weber, die mit Sachkenntnis, Geduld und Behutsamkeit dazu beigetragen hat, daß dieses Buch erscheinen konnte. Den Herren Ernst-Ludwig Brecht und Dr. Gerhard Paul, die meine Übersetzungen der fremdsprachigen Passagen fachmännisch begutachtet haben, bin ich zu Dank verpflichtet. Nicht zuletzt danke ich meiner Frau Bärbel Langer, die mir wertvolle und unermüdliche technische Hilfe beim Zustandekommen der Textfassung sowie beim Korrekturlesen erwiesen hat.

AtV

Band 1024 **Ailo Gaup**
Die Feuertrommel
Roman

Aus dem Norwegischen von Alken Bruns

256 Seiten
14,90 DM
ISBN 3-7466-1024-9

Dies ist der Roman einer Reise, einer Reise in die unendlichen Weiten des Nordens. In den verschwimmenden Anfang unserer Geschichte, in das Reich der Mythen und uralten Bräuche. Die sinnlich-schöne Sprache des norwegischen Erzählers Ailo Gaup nimmt den Leser gefangen und führt ihn auf den Weg einer spannenden Handlung, weit weg von unserem vernunftgeprägten Alltag in die faszinierende, wilde Natur unwirtlicher Gegenden …

AtV

Band 1050

Alexandre Dumas
Die Bartholomäusnacht

»La Reine Margot«

Roman

Aus dem Französischen von Christine Hoeppener

Mit 16 Szenenfotos aus dem gleichnamigen Film von Patrice Chéreau, der in Deutschland unter dem Verleihtitel »Die Bartholomäusnacht« im September 1994 Premiere hatte

721 Seiten
19,90 DM
ISBN 3-7466-1050-8

Zu den Hochzeitsfeierlichkeiten ihres jungen Königs Henri de Navarre mit der 19jährigen Marguerite de Valois sind Protestanten aus ganz Frankreich nach Paris, in die Machtmetropole der Katholiken, geströmt. Das Fest wird für sie zur Falle: in der Nacht zum 24. August 1572, der »Bartholomäusnacht«, werden in den düsteren Gängen des Louvre und in den Straßen der Stadt Tausende von ihnen niedergemetzelt. Die schöne, leichtlebige Marguerite, vom Volk Margot genannt, gerät in den Strudel dieser Auseinandersetzungen, in den Konflikt zwischen Macht und Liebe, mörderischer Staatsräson und tiefer Leidenschaft.

AtV

Band 39

Heinrich von Kleist
Der Zweikampf

Sämtliche Erzählungen

304 Seiten
14,80 DM
ISBN 3-7466-0042-1

Was er (Kleist) mit unbeweglicher Miene vorbringt, sind Neuigkeiten, unerhört; und die Spannung, in der sie den Leser halten, hat etwas unheimlich Spezifisches. Sie ist Besorgnis, Schrecken, das Grauen vor dem Rätselhaften, Zwiespalt der Vernunft, der ängstliche Eindruck, daß Gott sich irrt – „Verwirrung des Gefühls“. Es ist nicht zuviel gesagt: Er weiß auf die Folter zu spannen – und es fertigzubringen, daß wir's ihm danken.

Thomas Mann

AtV

Band 1009

Árpád Göncz
Sandalenträger

Roman

Ausdem Ungarischen von Almos Csongár

160 Seiten
12,80 DM
ISBN 3-7466-1009-5

1401 fand in der ungarischen Stadt Sopron ein aufsehenerregender Ketzerprozeß gegen eine Gruppe von Waldensern statt. Diese, wegen ihrer Anspruchslosigkeit auch Sandalenträger genannt, hatten sich über ganz Europa ausgebreitet und predigten offen gegen die römisch-katholische Staatskirche. Ihre Botschaft war die urchristliche Gemeinschaft aller Glaubensbrüder schon auf Erden.
Árpád Göncz schildert auf der Grundlage genauer historischer Recherchen und mit großem psychologischem Gespür die spannungsvolle Geschichte des Prozesses und den Leidensweg des Hauptangeklagten Miklós zum Scheiterhaufen.

AtV

Band 131 **Es war ein König in Thule**

Die schönsten Balladen der klassischen Zeit

139 Seiten
14,80 DM
ISBN 3-7466-0141-X

G. A. Bürger, Goethe, Schiller u. a. haben Ende des 18. Jahrhunderts die fast vergessene Balladendichtung wieder belebt. In den handlungs- und gedankenreichen Texten dieser Sammlung verbinden sich lyrischer Volkston und tiefer Symbolgehalt zu bleibender poetischer Aussage.

AtV

Band 34

Walter Scott
Old Mortality

Historischer Roman

Aus dem Englischen von Rudolf Schaller

Mit einer Nachbemerkung von Friedrich Baadke

605 Seiten
19,80 DM
ISBN 3-7466-0037-5

Vergebens wirbt Henry Morton von Milnwood um die schöne Edith Bellenden. Die königstreue Familie des Mädchens verweigert ihre Zustimmung zur Heirat der beiden, weil der junge schottische Edelmann nicht zum Verräter an der Sache seines unterdrückten Vaterlandes werden will. Als 1679 der Aufstand der Covenanter ausbricht und Henry sich an die Spitze seiner um Unabhängigkeit und Glaubensfreiheit kämpfende Landsleute stellt, beginnt eine harte Probezeit für die Liebenden.

AtV **Dokument und Essay**

Band 8015 **Paul Herrmann**
Deutsche Mythologie
Neu herausgegeben von Thomas Jung

384 Seiten
16,90 DM
ISBN 3-7466-8015-8

Was treibt den Schimmelreiter? Was hat Frau Holle anderes zu tun, als dem alten Barbarossa im Kyffhäuser die Wirtschaft zu führen? Wer waren sie, all die Zwerge, Hexen, Elfen, Riesen, die Helden der Märchen unserer Kinderstunden, wer der Klabautermann und die Nibelungen? Was wird von den germanischen Frauen berichtet zur Zeit der Völkerwanderung? Wie wurde Ostern in heidnischer Tradition gefeiert? Fragen, für die sich seit langem keine Wissenschaft verantwortlich zu fühlen scheint. Antworten gab es schon einmal zur Genüge, bevor sie nach fatalem Mißbrauch ins Vergessen gedrängt wurden. Die deutsche Mythologie – ein Kompendium des Aberglaubens, dennoch unbestreitbarer Teil unserer Identität.

AtV **Dokument und Essay**

Band 8000 **Paul Herrmann**
Nordische Mythologie
Neu herausgegeben von Thomas Jung

Erstmals als Taschenbuch

360 Seiten
16,80 DM
ISBN 3-7466-8000-X

Nach Herrmanns Deutscher Mythologie aus dem Jahre 1898, die in einer Taschenbuch-Neuausgabe als »gemeinsame Grundlage deutscher Seelen« nach der Wiedervereinigung viele Leser gefunden hat, wird nun auch das andere dazugehörige Buch vorgelegt, welches den Leser mit der Welt der Gnome, Trolle, Geister und Gottheiten der nördlichen germanischen Stämme vertraut macht. Es schildert anschaulich vorchristliche Vorstellungen von Schöpfung, Einrichtung und Untergang dieser Welt und ist fester Bestandteil unserer frühesten Kulturgeschichte.